마음을
여는 힘, 경청

듣는
힘은
말보다
강하다

이 책은 '듣는 사람으로 살아온 시간'의
기록이자, '듣는 리더로 성장하고 싶은 사람들'을
위한 안내서다.
말이 넘쳐나는 시대에
조용히 들어주는 사람으로 산다는 것의
의미를 함께 나누고 싶었다.

마음을
여는 힘, 경청

듣는
힘은
말보다
강하다

김지현 지음

더 로드
The Road Books

왜 우리는 경청을 배워야 하는가

요즘 자주 떠올리는 말이 있다.

"생각 없이 내뱉은 말은 무의식에 내려앉아 행동을 이끌고 태도가 되며 결국 운명이 된다."

말은 금세 흩어지는 듯 보이지만 사실은 그렇지 않다. 어딘가에 내려앉아 현실이 되고 관계를 만들며 때로는 상처로 남는다. 뇌과학자들은 말한다. "언어가 바뀌면 뇌가 바뀌고, 뇌가 바뀌면 인생이 바뀐다." 그렇다면 우리가 사용하는 언어를 바꾸는 첫걸음은 무엇일까? 그 출발은 바로 듣는 힘을 회복하는 것이다.

우리는 하루에도 수많은 사람과 이야기를 나눈다. 고개를 끄덕이고 맞장구를 치며 미소를 짓는다. 하지만 문득 이런 생각이 고개를 든다.

"지금, 누구의 이야기를 진심으로 듣고 있는가?"

귀는 열려 있어도 마음은 닫혀 있을 때가 많다. 우리는 상대의 말을 듣는 듯하지만, 사실은 내 생각을 준비하고 내 판단을 덧입힌다. 경청은 기술이 아니라 태도다. '그 사람을 존재 자체로 존중한다'는 조용한 신호다. 누군가의 말에 귀 기울일 때 우리는 그 사람의 삶을 조금 더 이해하게 되고 그 이해는 나 자신을 성장시키는 힘이 된다.

나는 30년 가까이 진료실에서 수많은 환자를 만났다. 그들은 단지 아픈 부위나 치료 계획만 이야기하지 않는다. 삶과 후회, 두려움, 그리고 희망을 이야기한다. 진료실은 단순한 치료의 공간이 아니라 인생 이야기가 오가는 '작은 무대'이자 '삶의 현장'이다.

어느 날 문득 깨달았다. 사람들의 이야기를 듣는 일이 나를 가장 행복하게 만든다는 것을. 리더스 독서클럽에서 책을 읽고 토론하는 것도 좋았지만, 다른 사람의 이야기를 듣고 그 안에서 함께 성장하는 모습을 발견할 때 더 큰 기쁨을 느꼈다. 말하는 것보다 듣는 것이 더 행복했다. 바쁜 일상에서 잊고 지냈던 그 마음을 다시 마주하며 설레는 마음으로 이 책을 쓰기 시작했다.

이 책은 '듣는 사람으로 살아온 시간'의 기록이자, '듣는 리더로 성장하고 싶은 사람들'을 위한 안내서다. 말이 넘쳐나는 시대에 조용히 들어주는 사람으로 산다는 것의 의미를 함께 나누고 싶었다. 경청은 이 시대를 살아가는 우리가 반드시 회복해야 할 인간다움의 본질이며, 디지털 시대에 간과하기 쉬운 조용히 듣는 힘이다.

이 책은 다음과 같은 내용으로 구성했다.

장	내 용	구분
1장	모든 경청은 '나를 듣는 일'에서 시작된다	경청의 기본
2장	경청은 '반응 없는 침묵'이 아니라 '따뜻한 응답'이다	경청의 조건
3장	'멈춤-집중-공감-확인-응답'으로 마음을 여는 힘을 기른다	경청의 5단계
4장	잘 듣는 사람이 결국 신뢰받고 성장한다	경청의 효과
5장	위대한 사람들은 모두 먼저 들을 줄 알았다	경청의 대가들

줄탁동시(啐啄同時)'라는 말이 있다. 병아리가 알을 깨고 나오기

위해 어미와 병아리가 안팎에서 동시에 껍질을 두드린다는 뜻이다. 대화도 마찬가지다. 한쪽이 두드리기만 해서는 관계가 열리지 않는다. 서로가 배려하고 존중하며 들을 때 마음의 벽이 무너진다. 조금 더 조용히, 조금 더 천천히, 누군가의 이야기를 끝까지 들어주고 싶은 당신에게 이 책이 작은 쉼이자 따뜻한 동행이 되기를 바란다.

끝으로 나를 작가의 길로 안내해 주신 데일 카네기 인재개발원 유길문 원장님과 책 쓰는 과정을 처음부터 끝까지 함께 해 주신 백명숙 코치님께 진심으로 깊은 감사를 드린다.

2025년 11월, 겨울의 소리를 기다리며

김 지 현

CONTENTS
차 례

제2장
경청의 조건, 확인과 피드백

제3장
경청의 5단계, 마음을 여는 힘

제4장
경청의 효과, 신뢰와 자기 성장

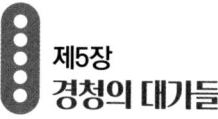

제5장
경청의 대가들

CHAPTER

01

제1장
경청의
기본,
나를
듣는 법

01

함께 나아가기

우리는 모두 각자의 언어로 살아간다. 감정의 언어, 경험의 언어, 상처와 두려움의 언어는 때로 낯설고 복잡하다. 그래서 자신의 마음조차 온전히 설명하지 못할 때가 있다. 가까운 사람조차 내 뜻을 오해하고, 나조차 내 마음을 읽지 못해 답답해지기도 한다. 하지만 서로의 언어를 나누고, 다르지만 닮은 마음을 이어간다면 이야기는 달라진다. 어쩌면 '함께 나아간다.'라는 말은 우리가 일상에서 서로에게 건네는 가장 따뜻한 응답일지도 모른다. 작은 위로와 경청, 그리고 신뢰의 순간들이 모여 삶의 방향을 바꾸는 힘이 되기 때문이다.

내면의 소리를 읽어 주는 사람이 있다. 마음속 깊이 감춰진 고민을 읽어 내고, 혼란스러운 생각을 명확하게 정리해 주는 멘토다.

멘토는 미처 알지 못했던 가능성을 발견하게 해 주고. 닫혀 있던 길을 열어 준다. 새로운 도전의 용기를 북돋아 주는 진정한 멘토는 정답 대신 옆에서 함께 걸으며 스스로 성장하도록 이끌어 준다.

좋은 멘토를 만난다는 것은 삶이 주는 커다란 행운이다. 나 역시 그 행운을 경험했다. 그는 나의 말과 행동을 곱게 다듬어 새로운 언어로 되돌려 주었다. 소심하다고만 여겼던 나의 성향을 "신중하다"라는 희망의 언어로 바꾸어 주었고, 길을 잃고 방황할 때조차 "탐색의 시간"이라며 새로운 의미를 부여해 주었다. 그렇게 멘토의 언어는 내 삶의 좌표를 다시 그려 주었고, 전혀 다른 시선으로 세상을 보게 했다. 나는 조금씩 내가 원하는 것이 무엇인지, 어떤 길을 가야 하는지 분명히 알게 되었다. 그리고 나를 알아가고 나를 이해하며 앞으로 나아갈 용기를 얻게 되었다.

그는 멘토이자 인생 선배이자 귀인이다. 내 안에 숨겨진 원석을 발견해 주고, 빛나는 보석으로 다듬어 주고, 작은 변화에도 아낌없는 칭찬과 격려를 보내 주었다. 덕분에 자신감을 키우며 새로운 도전을 즐길 수 있는 사람이 될 수 있었다. 그는 진정성을 바탕으로 사람들을 돕고 함께 성장할 수 있도록 안내하며, 자신의 멘토링 철학으로 많은 이들과 함께 걸어가며 새로운 의미를 발견하게 하는 선한 영향력을 실천하는 분이기도 하다. 무엇보다도 "가치는 같이 할 때 가장 빛난다."라는 그의 믿음은 말뿐이 아니라 삶으로 증명된 신념이다. 선한 영향력이란 이렇게 주변을 바꾸며, 사람들을 성장으로 이끄는 힘이라는 것을 직접 보여주었다. 그분은 바로 전북 데일 카네기 인재개발원 유길문 원장님이다.

정현종 시인의 〈방문객〉에는 이런 구절이 있다. "사람이 온다는 건 실은 어마어마한 일이다." 내게 원장님은 그런 '어마어마한 분'이었다. 한 사람이 다른 사람의 삶에 깊이 관여하는 순간, 태도와 행동이 달라지고 그 변화는 삶 전체를 새롭게 만든다. 내 언어가 바뀌고 내 시선이 달라지며 내 미래가 다시 그려진다. 진정한 멘토는 바로 그런 존재다. 존경과 사랑을 동시에 느끼게 하면서 나를 더 나은 길로 이끌고 함께 걸어주는 사람이다. 그분 덕분에 나는 오늘도 담대하게 살아갈 수 있다.

삶은 낯설고 만만치 않은 길 위에서 이루어진다. 그렇기에 관계를 잘 맺고 다듬는 것은 성장에 있어 무엇보다 중요하다. 신뢰와 존중을 바탕으로 이어지는 관계야말로 최고의 파트너가 될 수 있다. 하지만 올바른 성장을 위해서는 누군가의 디딤돌이 필요하다. 멘토는 정서적 지지와 조언을 통해 비전을 세우게 하고 역량을 강화하도록 돕는다. 삶의 방향을 함께 고민하며 내가 더 깊은 나로 나아가도록 동반자가 되어 준다.

운 좋게도 나는 좋은 멘토를 만나 성장할 수 있었다. 멘토에게서 받은 이 귀한 선물을 나 또한 누군가의 멘토가 되고 동반자가 되어 함께 나누고 싶다. 그러기 위해서는 먼저 나를 제대로 들어야 한다. 자신을 듣지 못하면 타인을 온전히 들을 수 없다. 타인의 언어를 이해하려면 먼저 내 안의 소리에 귀 기울일 줄 알아야 한다. 나를 듣고 타인을 듣고 함께할 때 비로소 진짜 경청이 시작되기 때문이다.

멘토는 내면의 목소리를 읽어 내고 마음속 깊이 감춰진 고민을 함께 헤아리며 혼란스러운 생각을 명확하게 정리해 주는 동반자이다. 알아듣기 어려운 낯선 언어를 이해할 수 있는 언어로 바꾸어 주고 흐트러진 문장을 명확한 의미로 다듬어 준다. 좋은 멘토는 우리 삶을 새롭게 읽어 낼 기회를 열어 준다. 자신을 더 깊이 이해하고 다른 이를 존중하며 함께 성장할 힘을 키우게 한다. 우리는 서로의 은인이자 스승이다. 누군가의 멘토가 될 때, 스스로 더 성숙한 자신으로 변화한다. 진정한 성장은 혼자가 아니라 함께 나아갈 때 완성된다.

02

말의 어조와 속도 조절하기

　　　　　　말은 마음을 이어주는 가장 섬세한 도구다. 사
람과 사람 사이의 모든 대화는 퍼즐 조각처럼 서로의 마음을 맞
추어 가는 과정에서 완성된다. 겉으론 무심하게 오가는 한마디
에도 감정과 뜻이 담긴다. 어떤 말은 관계의 빈 곳을 정교하게
채워주고 어떤 말은 억지로 끼워 넣은 조각처럼 어긋나 서로를
멀어지게 만든다. 말이란 소리가 아니라, 마음과 마음을 잇는 가
장 인간적인 다리다.

　　오래전 평소에는 정겹고 따뜻한 분이지만, 상황이 급해지거나
진료가 바빠지면 말투가 달라지는 페이 원장님이 계셨다. 어느
날 환자에게 "이 닦고 오셨어요?"라는 질문을 했다. 그 질문은 치
료를 원활히 진행하기 위한 단순한 확인이었지만 그 말을 들은

환자는 이도 안 닦는 늙은이라고 무시당한 느낌을 받았는지 불쾌한 표정을 드러내며 화를 냈다. 의도는 그렇지 않았지만, 말투에 담긴 어조가 자신을 무시한 것처럼 들렸다고 한다. 무심코 튀어나온 말투와 어조가 상대를 불쾌하게 만든 것이다. 화자의 의도와는 달리 청자에게 감정의 벽을 만든 것이다. 사람의 귀는 말하는 사람의 어조와 속도에 따라 순간 느껴지는 감정과 분위기를 함께 받아들인다는 것을 알아야 한다.

무엇을 말했느냐보다 어떻게 말했느냐가 대화에서 지켜야 할 가장 기본적인 말의 기술이라고 할 수 있다. 같은 말도 어떻게 묻는지, 얼마나 빠르게 내뱉는지, 얼마나 따뜻하게 조율되는지에 따라 듣는 사람의 감정은 전혀 달라진다. 즉 빠른 말은 상대를 쫓게 하고, 느린 말은 관심을 잃게 한다. 그 사이에서 속도를 조절하며 따뜻하고 부드럽게 어조를 다듬는 사람이 결국 신뢰를 얻는다.

말의 힘은 정교하며 미묘하다. 신뢰가 쌓인 관계에서는 매서운 말조차 오해 없이 지나간다. 하지만 아직 불안정한 관계, 혹은 예민한 상황에서는 말의 어조와 속도 하나가 무시, 비난, 불만으로 각인될 수 있다. 그래서 진짜 중요한 것은 그 사실을 인식하고,

조금 더 세심하게 조율하려는 태도다.

누구나 바쁘고 피곤하면 목소리가 거칠어진다. 그러나 잠깐의 멈춤, 아주 짧은 숨 고르기만으로 어조가 달라지고, 말의 온도가 변한다. 거창한 언변이 아니라 사소한 한마디, 짧은 대화에서 존중이 드러난다. 마음을 배려한 속도, 날카롭지 않은 어조, 상대의 리듬에 맞춘 한마디. 그것이 곧 존중의 본질이다. 늘 실수하지 않도록 주의를 기울여야 한다.

대화에서 중요한 것은 언제나 '옳은 말'을 하는 것이 아니다. 진짜 대화가 성공하려면 상대가 받아들일 수 있는 방식으로 상대의 박자와 흐름을 맞추려는 노력이 필요하다. 억지로 끼워 넣는 퍼즐 조각처럼 강요하거나 무심하게 쏟아내면 대화의 그림이 망가진다. 퍼즐을 맞추듯 어조와 속도도 상대의 호흡에 천천히 맞출 때 더 웃을 수 있는 관계로 오래 간다.

사람들은 어떤 말이 오갔는지보다 서로 어떤 분위기에서 어떤 톤으로 얘기했는지의 기억을 더 오래 간직한다. 신뢰와 배려는 화려한 언변이 아니라 언어 습관에서 비롯된다. 한 번만 더, 조금 더 천천히, 조금 더 부드럽게, 상대와 눈을 맞추고 마음을 맞춘다면, 상대의 표정이 바뀌고, 마음이 열리는 경험을 할 수 있다. 이해와 신뢰는 결국 대화의 어조와 속도를 통해 구체적인 형태로 나타난다.

말을 다듬는 일은 특별한 기술이 아니라, 늘 곁에 두는 태도다. 습관처럼 반복되는 연습 이전에 존중하고자 하는 마음이 먼저다. 누구나 따뜻하게 대접받고 싶어 한다. 그 마음은 옆 사람의 리듬에 귀 기울이고, 맞춰보려는 부드러운 시작에서 열린다. 속도를 맞추고 호흡을 함께하는 사람이 결국 신뢰받는 사람이 된다. 감정을 담고 관계를 만들며 어느 날은 한 사람의 소중한 하루를 밝혀주기도 한다. 때론 누군가에게 작지만, 진심 어린 응원이 되기도 한다. 모든 변화의 출발점은 그렇게 대화가 흐르는 순간순간의 작은 배려와 조율에서 시작된다.

말은 결국 나의 내면을 비춘다. 존중이란 근사한 수식어로 완성되는 게 아니라 평범한 말 한마디와 그에 실린 어조와 속도 그리고 진심에서 드러난다. 잘 다듬은 언어는 관계에 단단함과 부드러움을 더해준다. '천천히, 더 부드럽게'의 자세로 말을 시작할 때 마음의 깊이도 함께 커진다. 내 마음가짐이 곧 내 언어의 품격이 되고 자연스럽게 내 말이 관계의 온도를 바꾸고 누군가의 삶을 밝히는 힘이 된다. 고운 어조, 상대의 리듬에 맞춘 속도, 진심 어린 배려가 모일 때 대화란 서로의 마음을 맞춰가는 퍼즐이 되고, 나날이 새로워지는 경청의 예술이 된다.

03

말이 입술 밖으로 나오기 전에 다듬기

말은 언제나 우리의 마음을 비춘은 거울이다. 우리는 흔히 행동이 사람을 드러낸다고 생각하지만, 사실 그보다 먼저 마음을 드러내는 것은 말이다. 말은 때로 입안에서 꽃잎처럼 피어나 향기를 남기고 때로는 가시처럼 돋아 상대의 마음을 찌른다. 그래서 말이 입술 밖으로 나오기 전 잠시 멈추어 다듬는 지혜가 요구된다. 짧은 멈춤이 상대의 마음을 지키고 관계를 더 따뜻하게 이어준다.

진료실에서 있었던 일이다. 오전 내내 숨돌릴 틈도 없이 바쁘게 시간을 보냈다. 잠시 한가해진 시간이었다.

"바쁠 때는 빨리빨리 쳐내야 해."

무심코 들려온 선생님의 말씀에 민망해서 당황한 적이 있다. 후배 선생님들이 듣고 있었기 때문이다. 아마도 후배들에게 더 적극적이고 빠르게 환자를 봐야 한다는 뜻으로 말했을 것이다. 하지만 '쳐낸다'라는 표현이 마음을 불편하게 했다. 사람을 향한 배려가 전혀 담기지 않아 심리적 저항감으로 남았다. 신속하고 효율적이라는 말로 표현했더라면 듣는 사람의 마음이 훨씬 편하지 않았을까. 복잡한 감정들이 마음속에서 교차했다.

그날 이후로 말을 입술 밖으로 내보내기 전 충분히 생각하고 다듬는 노력을 게을리하지 않기로 마음먹었다. 말은 감정과 의도를 담는 그릇이며 그 그릇을 다루는 태도가 곧 신뢰와 관계를 만들기 때문이다.

한가한 어느 일요일 점심, 따스한 햇볕이 부드럽게 식탁을 감싸던 날이었다. 딸아이가 신이 나서 정성껏 준비한 요리를 들고 왔다. 얼굴에는 자신감과 기쁨이 가득했다. 예쁘게 장식된 음식은 어린 손끝에서 나온 정성과 사랑이 고스란히 묻어 있었다. 그러기에 감사와 격려가 먼저였어야 했다.

"정말 예쁘게 잘 만들었네. 신경 쓴 게 보여."
"엄마가 먹기 딱 좋은 맛이야. 고마워."

"마음이 느껴지는 음식이라 더 특별해."

이런 말들을 자연스럽게 해야 했다. 하지만 그 순간 무심코 내뱉었다.

"간이 좀 짜네".

딸아이의 표정이 순식간에 어두워졌다. 나는 엄마에게 맛있는 음식을 차려주려고 노력한 딸의 예쁜 마음과 기특함을 무색하게 해버렸다. 딸의 표정을 읽는 순간 깊은 후회와 미안함으로 딸의 눈치를 살폈다. 가까운 사이일수록 말에 더 신경 써야 함을 그때 새삼 깨달았다. 익숙함이 오히려 가장 큰 상처를 만들 수 있다는 사실 앞에서 내 생각 없는 말이 딸아이에게 지울 수 없는 상처를 안겨준 것이다.

사람은 누구나 인정받고 싶어 한다. 특히 자신이 쏟은 노력과 마음을 다한 일에 대해 긍정적인 반응을 기대한다. 특히 일상에서 말의 힘을 과소평가하는 것에 대해 알아야 한다. 말 한마디가 마음에 미치는 파장은 생각보다 깊고 넓다. 그래서 말이 입술 밖으로 나오기 전에 한 번 더 마음을 담아 다듬어야 한다.

말은 단순한 소리를 넘어 우리 마음과 삶의 결과를 창조하는 힘이다. "가는 말이 고와야 오는 말이 곱다"라는 속담이 말하듯 긍정적이고 배려 깊은 말은 주변에 선한 영향을 미치고 관계를 튼튼히 한다. 심리학적 연구에 따르면 자신이 자주 하는 말이 결국 자신을 움직이고, 반복되는 긍정적인 확언이 개인의 자신감과 문제해결 능력을 향상하는 데도 도움을 준다. 그래서 말은 곧 마음의 거울이자 원하는 세상과 관계를 만들어 내는 창이다. 따뜻한 말한마디가 상대방에게 깊은 울림을 주고 신뢰와 존중의 뿌리가 된다. 인사나 격려, 경청하는 태도 역시 긍정적 소통의 기초이다.

결국, 말하기 전에 잠시 멈춰 한 번 더 생각하는 것은 단순한 습관이 아니라, 더 나은 관계와 삶을 향상하는 배려이자 지혜다. "혀는 뼈가 없어도 뼈를 부순다"라는 말처럼, 우리의 말 한마디가 누군가의 마음을 다치게 할 수도, 살릴 수도 있다. 그렇기에 내뱉는 말에 책임을 지고 정성껏 다듬는 것이 중요하다.

말의 힘을 아는 사람은 이미 성숙한 품격을 갖춘 사람이다. 매순간 하는 말들이 미래를 바꾸고, 삶의 결을 바꾼다. 말하기 전늘 마음을 담고 다듬는 태도로 삶을 정착시킨다면 우리가 원하는 신뢰와 존중, 그리고 평화로운 세상을 만드는 첫걸음이 된다.

04
좋은 청자 되기

얼마 전 친구들과 모임이 있었다. 식사를 마친 후 카페에 앉아 도란도란 이야기 나누는 시간을 가졌다. 그런데 그날 한 친구가 말수가 유난히 적고, 평소와 다른 분위기를 보였다.

"무슨 일 있어?"

몇 차례 물었으나 돌아오는 대답은 아무 일도 없다는 짧은 말 뿐이었다. 분명 무언가를 감추고 있거나, 말하지 못하는 무언가가 있을 것 같았다. 그럴수록 친구를 향한 서운함이 쌓였다.

그날 저녁, 남편에게 낮에 있었던 일을 이야기했다. 하지만 나의 기대와 달리 핀잔부터 돌아왔다.

"무슨 일이 있겠지, 왜 그런 걸 이해를 못 해?"

그리고 미주알고주알 잔소리가 이어졌다. 순간 나는 마음이 상했다.

"누가 당신한테 정답을 이야기하래? 그냥 들어주기만 해."
"나는 그냥 내 생각을 말한 거야. 그러면 아무 말도 하지 말라는 거야?"

결국, 언성이 높아졌고, 대화는 감정의 벽만 높이 쌓은 채 끝나버렸다. 남편은 늘 대화를 문제해결의 방식으로만 접근한다. 정답을 찾고, 문제를 해결하는 데 집중한다. 내가 원하는 것은 이해와 공감인데 말이다. 우리는 서로 다른 판단과 언어를 사용하고있었다. 마치 '화성에서 온 남자 금성에서 온 여자'라는 말이 현실처럼 느껴졌다.

그날 밤 혼자 깊은 생각에 잠겼다. 친구의 침묵에 서운함을 느꼈지만, 그 친구 역시 남편의 말처럼 말할 수 없는 무언가가 있던 것은 아니었을까? 그리고 나는 정말 그 친구의 마음을 진심으로 이해하려 했던가? 그렇게 자신에게 질문을 던지던 중, 예전에 읽었던 《대화의 기술》이라는 책이 떠올랐다. 그 책은 경청이란 단순히 상대의 말을 듣는 것이 아니라, 말의 피상적인 의미를 넘어 그 이면에 깔린 감정과 의도를 파악하고 받아들이는 과정임을 말하고 있었다.

첫째, '몰입해서 듣기'는 말하는 이가 전달하는 단어 그 이상의 의미와 감정을 깊게 이해하려는 적극적인 태도를 뜻한다.

둘째, '비언어적 신호에 주의하기'는 말뿐 아니라 표정이나 몸짓, 눈빛 등에 담긴 미묘하지만 중요한 메시지를 놓치지 않는 섬세함이다.

셋째, '공감하기'란 상대방 감정을 있는 그대로 인정하며 '그럴 수 있겠구나' 하는 마음으로 다가가는 자세다.

넷째, '생각한 후 반응하기'는 상대의 말을 들은 즉시 반사적으로 대답하기보다는 한 박자 쉬며 내면을 정리하고 신중히 반응하는 과정이다.

마지막으로 다섯째, '피드백 제공하기'는 "네 말은 이런 뜻이었구나" 하며 상대의 마음과 의도를 확인하고 재확인하는 소통의 기법이다.

책에서 제시한 다섯 가지 경청 원칙을 다시 떠올렸다. 첫째,

'몰입해서 듣기'는 말하는 이가 전달하는 단어 그 이상의 의미와 감정을 깊게 이해하려 하는 적극적인 태도다. 둘째, '비언어적 신호에 주의하기'는 말뿐만 아니라 표정, 몸짓, 눈빛 등 말하지 않은 요소에 담긴 메시지를 놓치지 않는 세심함을 뜻한다. 셋째, '공감하기'는 상대방의 감정을 있는 그대로 인정하며, "그럴 수 있겠구나"라는 진심 어린 마음으로 다가가는 자세다. 넷째, '생각한 후 반응하기'는 생각을 정리하지 않고 반사처럼 대답하는 대신, 한 박자 쉬어 신중하게 응답하는 태도다. 마지막으로 다섯째, '피드백 제공하기'는 상대의 말을 내 마음속으로 다시 한번 확인하며 "네 말은 이런 뜻이었구나"라고 표현해 주어 진정한 소통을 만든다.

이 다섯 가지 원칙은 어쩌면 진짜 표현하고자 했던 겉으로 드러난 말 그 자체가 아니라, 그 속에 감춰진 깊은 감정과 마음이 아니었을까. 경청이란 바로 그 말 이면에 숨겨진 내면의 목소리를 읽고, 그 마음에 닿으려는 노력이다. 진정한 듣기는 단순한 청취를 넘어 상대의 마음까지 헤아리는 행위임을 다시 한번 깨달았다.

우리는 흔히 누군가의 말을 듣고 곧바로 판단하고 조언하려 한다. 그것이 상대를 돕는 길이라고 믿는다. 사실 정작 그 말을 제대로 듣고 있는 경우가 드물다. 때로는 말보다 더욱 필요한 것이 조용히 곁을 지켜주고, 말 대신 마음을 나누는 대화임을 알게 되었다.

진정한 경청은 '무엇을 말할까'보다 '어떻게 들을까'에 더 마음을 쏟는 일이다. 누군가의 침묵조차도 오해 없이 받아들이고, 있는 그대로 인정하는 태도가 우리 모두 바라는 따뜻한 인간관계의 기초다.

마음과 마음이 이어지는 대화, 그것이 진짜 마음 나눔이다. 말은 우리의 마음을 담는 그릇이다. 그 그릇을 어떻게 채워야 하는가는 내가 얼마나 진심으로 귀 기울이고 상대를 존중하는가에 달려 있다. 좋은 말을 건네고 싶다면, 먼저 좋은 청자가 되어야 한다. 경청은 모든 관계를 지탱하는 시작이며 완성이다. 좋은 청자가 되는 것은 상대의 말을 잘 듣고 그 마음에 함께 머무는 것이다.

05
좋은 청자 되기

대화는 인간관계의 가장 기본적이며 자연스러운 행위다. 소리로 드러난 언어를 듣는 것이 아니라, 그 언어 너머의 사정을 헤아리고, 말하지 못한 마음의 떨림까지 읽어 낼 수 있을 때 관계는 살아나고, 사람과 사람 사이의 간격은 좁혀진다. 나는 의료 현장에서 수많은 환자를 만나며 '경청이란 귀로 듣는 것이 아니라, 마음의 눈으로 듣는 일'이라는 사실을 깨달았다. 그 중에서도 몇 해 전 한 어르신과의 인연은 나에게 경청의 본질을 깊이 새겨 주었다.

진료 접수 과정에서 한 어르신이 들어오셨는데, 순간 모든 사람의 시선이 그분에게 쏠렸다. 어찌나 또렷하고 크게 "여기가 치과요?"라고 물으셨던지, 대기하던 환자들도 화들짝 놀란 표정이었다. 나 또한 깜짝 놀라, 의자에서 반사적으로 벌떡 일어나 그분을 바라보았다. 큰 목소리에 당황했던 나는 어르신의 순간 변하는 표정을 읽어 낼 수 있었다. 당신도 대기실 분위기를 느끼며 당황해하셨다.

어르신은 곧 조심스레 보청기를 꺼내 보이셨다. "내가 잘 안 들려서…"라고 작게 말씀하셨다. 그 속에는 미안함이 짙게 배어 있었다. 그것은 누군가를 배려하지 않아서 나온 큰 목소리가 아니었다. 오랜 세월 몸에 밴 습관이었고 잃어버린 청력을 대신해 애쓴 흔적이었다. 대기실에 계신 모든 환자의 놀란 표정을 본 어르신은 더 민망했을지 모른다. 하지만 바로 그 순간, 나는 깨달았다. 소리를 듣는 것보다 중요한 것은 사정을 헤아려 마음을 듣는 일이라는 것을.

그분의 표정과 조심스러운 손짓은 말보다 훨씬 깊은 메시지를 전하고 있었다. 경청은 '말을 듣는 것'이 아니라, 상대가 왜 그렇게 말했는지를 이해하는 일이다. 눈빛, 손끝, 숨결 속에 담긴 이야기를 알아채는 순간, 우리는 언어 너머의 세계와 마주한다.

마음의 언어는 말보다 오래 남는다. 아기가 말을 배우기 전, 엄마의 눈빛 하나에 웃음을 터뜨리고 따스한 손길 하나에 울음을 멈추는 이유는 무엇일까. 언어 이전에 이미 마음이 통하기 때문이다. 눈으로 듣고, 표정으로 대화하며, 온몸으로 반응한다. 이것이 바로 인간이 가진 가장 근원적인 소통 방식이다.

　진료실에서 만난 사람들 역시 그러했다. 말은 무뚝뚝해도 마음은 다정한 분들이 있었다. 매번 퉁명스러운 말투로 응대하시지만, 어김없이 요구르트를 건네주시던 할머니가 계셨다. 말 대신 작은 행동으로 고마움과 애정을 전하신 것이다. 또 어떤 분은 늘 직원들을 챙기며 간식을 나눠주시곤 했다. 특별히 길게 무언가를 설명하지 않아도, 그 행동만으로 의료진의 수고에 대한 감사가 충분히 전해졌다. 오히려 말보다 행동이 훨씬 크게 마음에 와닿는 순간들이었다.

　지금도 가끔 그 어르신이 병원 문을 열고 들어서면서, 활짝 웃는 표정으로 한 손을 번쩍 들어 반가움을 표현한다. 밝고 해맑은 인사는 여전하지만, 목소리는 이전보다 훨씬 부드럽고 낮아졌다. 상대방을 의식하며 일부러 조심하는 그 노력이 고맙고 따뜻하다. 한 번은 문을 열자마자 "내과 갔다가 그냥 보고 싶어서 들렀어." 라며 해맑게 웃던 그분의 얼굴이 오래 마음에 남는다. 그리고 주머니에서 주섬주섬 내민 몇 개의 달콤한 사탕은, 오래된 인심과 따뜻한 정을 전해주었다. 주머니 속 사탕은 그분이 전하는 마음의 선물이었다. 사탕은 그냥 사탕이 아니다. 상대방을 생각하는 마음과 말없이도 전달되는 가장 확실한 사랑의 메시지였다.

이 경험들로 나는 크게 깨달았다. 말의 크기나 화려함과 상관없이, 상대방을 향해 흘러나오는 진심은 우리 몸의 작은 움직임 속에 고스란히 스며 있다는 사실이었다. 진짜 경청이란 귀로만 하는 게 아니다. 마음으로 마음을 듣는 것이다.

되돌아보면, 경청은 거창한 기술이 아니다. 그것은 태도의 문제다. 귀로만 대화를 받아들이는 것이 아니라, 상대의 표정과 숨결, 말하지 못한 침묵마저 가만히 들어주는 것이다. 누군가의 입장이 되어 생각하고 그 사정을 이해하려는 마음이 곧 경청이다.

우리가 살아가는 사회는 말이 넘쳐난다. 사람들은 말로 설득하고, 말로 관계를 맺고, 말로 소통한다고 믿는다. 그러나 정작 인간을 위로하고 붙잡는 힘은 말에서 오지 않는다. 눈빛 하나, 손길 하나, 또는 묵묵히 함께 있어 주는 침묵 속에서 진짜 마음이 들린다. 경청은 소리에 집중하는 기술이 아니라, 사람의 내면을 향해 눈을 맞추는 태도다.

그날의 어르신은 내게 오래 기억될 가르침을 남겨주셨다. 큰 목소리에 가려진 진심을 본 순간부터, 나는 다른 사람의 말을 대하는 방법이 달라졌다. 이제 나는 언제나 '이 소리 뒤에는 어떤 마음이 있을까'를 묻는다. 그것이 무뚝뚝한 말투이든, 과장된 웃음이든, 갑작스러운 침묵이든, 그 너머를 보는 눈을 가지려 애쓴다.

경청은 귀가 아니라 마음으로 하는 것이다. 그래서 달콤한 사탕 하나가 언어보다 크게 다가올 수 있는 것이다. 결국, 우리가 진정으로 들어야 하는 것은 말이 아니라 마음이다. 그리고 그 마음을 들을 줄 아는 태도야말로, 사람과 사람을 이어주는 다리이며, 세상 어디에도 없는 가장 따뜻한 울림이다.

06
삶의 맥락 파악하기

"사람들이 현재 내가 슬럼프에 빠졌다고 쑥덕거린다는 것을 알고 있다. 슬럼프, 끔찍한 말이다. 그러나 슬럼프란 그걸 자인(自認)하는 자에게만 적용될 뿐이다. 나는 그렇게 배웠다. 흐린 날이 있으면 맑은 날도 있고, 오르막이 있으면 내리막이 있다. 나쁜 경험은 없다. 딛고 일어서는 사람에겐 모든 것이 좋은 경험이다."

– 프로골퍼 박세리, 칼럼 중에서

살다 보면 흐리거나 비 내리는 날들이 누구에게나 찾아온다. 세상과 조금씩 단절되는 느낌, 마음이 무겁고 몸까지 움츠러드는 날들. 슬럼프라는 말이 등 뒤로 따라다니는 순간, 우리는 자신을 '멈춘 존재'라 오해하기 쉽다. 하지만 인생의 오르막과 내리막, 흐린 날과 맑은 날, 이 모두 하나의 맥락 위에서 연결되어 있음을 조금 늦게나마 깨달았다.

내가 진료실에서 만난 한 중년 남성의 이야기가 떠오른다. 그는 한동안 출근길에 발걸음이 떨어지지 않았다고 했다. 늘 유쾌하고 서글서글하던 표정이, 어느 날부터 차갑게 굳어 있었다. 몇 번이나 말을 걸었지만, 돌아오는 대답은 짧고 무덤덤했다. 문진하다가 문득, 그가 오래 다니던 작은 회사가 경영 악화로 최근 구조조정에 들어갔다는 이야기를 듣게 되었다.

"일에 매달려 살았는데, 갑자기 내가 아무것도 아닌 것 같았습니다."

그의 목소리 깊은 곳에서 힘이 빠져나간 듯한 여운이 감돌았다. 분명 그는 지금, 인생의 내리막 구간을 건너는 중이었다.

사람이 슬럼프에 빠지면 말과 행동, 표정과 에너지까지 그 변화가 주변에 고스란히 전달된다. 때로는 의욕을 잃어버린 채 무기력한 모습으로 하루를 시작한다. 평소엔 자주 나누던 웃음 대신, 입꼬리가 좀처럼 올라가지 않는다. 한참 동안 기다려야 겨우 짧은 대답이 돌아온다. 함께 일하는 동료와 가족들은 당황하지만, 사실 이런 변화 앞에서 성급히 개입하거나 재촉하는 것은 도움이 되지 않는다.

오히려 이럴 땐 아무 말 없이 잠시 곁에 머물러 주는 게 중요하다. 따뜻한 눈길, 부담 주지 않는 작은 응원, 그리고 "괜찮아질 거야."라고 건네는 진심 어린 한마디가 생각보다 큰 힘이 된다. 나는 여러 차례 이런 경험을 통해 배웠다. 누군가의 슬럼프를 마주할 때, "왜 저 사람은 저렇게 행동하지?"라는 물음에 섣부른 판단을 하지 않게 되었다.

일상에서도 우리는 작은 문제로 금세 마음의 여유를 잃곤 한다. 직장뿐 아니라 가정, 친구 사이에서도 '내가 예전 같지 않다'라는 자책이 밀려올 때가 있다. 특히 사회생활이 3년, 5년, 때로는 1년 단위로 권태와 슬럼프가 반복된다는 것을 알게 되면서 애써 마음을 숨기던 동료들의 얼굴이 떠오른다. 고개를 숙인 채 퇴근길을 나서는 모습, 왠지 낯설어진 목소리, 이런 모습 역시 그 사람의 삶 전체에서 보면 짧고도 의미 있는 한 구간이다. 슬럼프는 더 이상 특별한 것이 아니다. 누구에게나 찾아오며 반드시 지나가는 과정이다.

슬럼프를 성장의 기회로 바라보는 태도야말로, 인생의 맥락을 이해하는 첫걸음이다. 박세리 선수의 말처럼, 고비를 인정한다고 해도 그것이 우리 전체의 낙오로 이어지지는 않는다. 오히려 중요한 것은, 흐림과 맑음, 오르막과 내리막이 모두 연결된 한 사람의 '전체 맥락'이다. 그리고 삶을 꿰뚫어 보는 이 능력은 우리가 자신과 타인을 깊이 이해하도록 도와준다.

사람을 온전히 이해하려면, 반드시 그가 겪어온 지난 시간과 맥락을 헤아려야 한다. 당장 드러난 모습, 차가운 말투, 표정 뒤편에 숨어 있는 이야기에 귀 기울일 때 우리는 성급한 오해와 판단에서 멀어질 수 있다. 슬럼프는 실패가 아니라 통과해야 하는 지점이다. 누군가의 위축된 행동과 말에 즉각적인 '진단'이나 충고를 내놓기 전에, 그 사람이 지나온 맥락을 조용히 들여다본다면 훨씬 더 따뜻한 마음과 신뢰가 자란다.

삶은 늘 순탄하지 않으며, 예상 밖의 풍랑이 닥치기도 한다. 하지만 그때마다 "왜 지금 이 사람이 힘들어할까?"를 묻고 귀 기울이는 태도야말로 성숙한 관계의 출발점이다. 내가 진료실이나 일상에서 만난 사람들, 가까운 가족, 때로는 자신의 내 내면까지, 언제나 그 사람의 삶 전체를 상상하려 애쓴다.

어느 30대 여성이 진료실에서 오래 침묵하다 조심스레 이야기를 털어놓은 적이 있다.

"제가 요즘 많이 예민하고, 가족에게 소홀한 것 같아요. 예전엔 안 이랬는데…."

대화 끝에 어린 자녀의 병간호로 몇 달째 밤잠을 설쳤다는 고백이 이어졌다. 주변 사람들은 그녀의 거친 말투만 보았을 것이다. 하지만 그 이면에는 감당하기 어려운 피로와 걱정이 촘촘하게 쌓여 있었다. 그녀가 처음 보였던 차가움은 어쩌면 '버텨낸 흔적'이었을지 모른다.

이처럼, 사람의 행동 하나하나를 섣불리 해석하기보다, "그 사람의 맥락은 어떨까?"를 자신에게 묻는 습관이 필요하다. 그리고 때로는 다가가 진심으로 기댈 수 있도록 조용히 손을 내밀어야 한다. 그 맥락을 헤아리려 애쓰는 시간이 쌓여갈수록 우리의 관계는 훨씬 깊고 단단해진다.

맥락을 파악하는 일은 '상황의 이해'에 머물지 않는다. 그것은 공감의 실천이고, 나 그리고 세상을 더 넓게 이해하는 삶의 지혜다. 삶의 맥락을 이해하지 못할 때 우리는 종종 편견에 기대어 타인을 쉽게 재단한다. 실제로, 뉴스나 SNS에서 드러나는 일면의 정보만으로 누군가를 판단한다면, 그 사람의 진짜 이야기는 영영 들리지 않을 수도 있다.

나는 주변의 친한 친구, 동료들과 갈등을 돌아보게 된다. 겉으로는 불친절하게 느껴졌던 한마디, 의도하지 않았지만 상처가 되었던 시선. 시간이 흘러 맥락을 다시 돌아봄으로써, 그때의 오해와 불편이 스스로 사라지는 경험을 한 적이 있다. 맥락적 사고는 우리의 오해와 불안을 줄이고, 상처를 치유하는 힘을 준다.

어떤 사람을 이해한다는 것은, 그의 여정을 함께 걷는 것과 같다. 드러난 감정이나 행동뿐 아니라, 그 뒤에 이어진 시간, 아픔, 노력, 그리고 성장의 흔적까지 모두 바라볼 때 비로소 우리는 진짜 관계의 가능성을 마주할 수 있다.

박세리 선수의 고백처럼, 인생에서 나쁜 경험이란 없다. 모두가 하나의 맥락 안에서 자신만의 이야기를 이어간다. 오늘 어떤 슬럼프라도 언젠가 맑은 날로 이어질 것이고, 절망처럼 느껴지는 고비조차 결국 성숙의 자산이 된다. "왜 저 사람이 저렇게 행동할까?"라는 질문을 품을 때, 우리는 더 성숙해질 수 있다. 쉽게 평가하거나 밀어내는 대신, 경청과 이해의 태도로 서로의 이야기를 듣는 것. 작은 습관이야말로 우리가 삶의 맥락을 온전히 읽어 내고, 함께 성장하게 하는 가장 근원적인 힘임을 잊지 말자.

　슬럼프와 성장, 그 사이에 우리가 각자 살아온 맥락이 있고, 서로를 바라보는 따뜻한 안목이 있다. 언젠가는 자신이 다시 일어설 수 있음을 믿고, 또 누군가가 그 과정에 조용히 곁에 있어 주는 것이다. 삶의 맥락을 이해하며 살아가는 하루가 바로 우리 모두에게 주어진 가장 큰 선물일지 모른다.

07

마음으로 교감하기

　　　　　　오래전 따뜻한 어느 봄날, 잊을 수 없는 만남이
있었다. 평범한 진료실이었지만, 조용한 울림이 맴도는 아침이
었다. 환하게 미소 짓던 50대 여성이 조심스럽게 속내를 털어놓
았다.

　"**틀니 없이 밥 한번 먹는 게 평생소원이었어요.**"

　30대 후반부터 20년 넘게 남몰래 틀니를 써왔다는 그녀. 씹을
수 있는 음식 한 입이 간절했고, 자신감은 차츰 무너져 내렸다.
손끝에 모인 불안, 애절한 눈빛, 울먹이는 목소리. 그날 내 마음
역시 무겁게 가라앉았다.

때로 진심 어린 아픔은 말보다 몸짓과 분위기 속에서 더 크게 다가온다. 그녀는 친구들과 가족 앞에서조차 적어졌다. 오랜 시간 누구에게도 쉽게 내보일 수 없던 상처였다. 괜스레 어깨에 힘이 빠지고, 자꾸만 주위를 돌아보게 된다는 그녀의 이야기는 남의 일 같지 않았다. 상담자로서가 아니라, 건강한 삶을 누려야 할 한 사람으로서 그녀에게 자신감과 희망을 되찾아 주고 싶었다.

나는 차분히 치료 방법, 기대 효과, 앞으로의 절차를 설명했다. 말 사이사이 그녀의 안색이 조금씩 밝아지면서 희망적으로 바뀌어 가는 과정이 고스란히 느껴졌다. 그녀는 치조골 소실이 심해 여러 번의 수술을 견뎌야 했다.

"그런 건 아무것도 아니에요. 그저 감사할 따름이지요"

그녀는 되려 나를 위로하며 웃어 보였다. 그 미소에 오랜 상처의 무게와 기다림이 한껏 묻어났다.

기다림과 인내, 몇 번의 시술을 견디며 긴 10개월이 지났다. 임플란트 치료가 마침내 끝나던 날, 그녀는 누구보다 환하고 또렷하게 웃으며 거울을 오래 들여다보았다.

"정말 감사해요. 이렇게 좋을 수가 없네요."

붉게 글썽이던 눈망울, 꼭 잡은 손. 지금도 그때의 표정과 온기가 선명하게 남아 있다.

석 달 뒤 정기검진을 위해 다시 만났을 때 그녀는 전혀 다른 사람이 되어 있었다. 통통하게 오른 볼, 부드러워진 피부, 밝고 여유로운 표정. 처음에는 내가 먼저 알아보지 못했을 만큼 놀라운 변화였다.

"세상이 이렇게 아름다울 수가 없어요. 잘 먹고, 마음도 편해요."

그녀는 한 치의 주저함도, 어두운 그림자도 보이지 않았다. 고통을 내려놓은 그 자리에 잔잔한 행복이 깃들어 있었다.

심리학자 아들러는 말했다. 진정한 소통이란 언어가 아닌, 마음이 교감하는 능력에 달려 있다고. 우리는 종종 상대의 사정을 말이 아닌 몸으로 먼저 감지한다. 말보다 먼저 다가오는 눈빛, 경직된 어깨, 뒤따르는 한숨 속에서, 말로는 다 전해지지 않는 정서를 포착한다. 그러다 문득 깨닫게 된다. 상대를 애써 위로하기보다 잠시 조용히 곁에 있어 주는 것이 가장 큰 힘이 된다는 것을.

경청이란 귀를 기울이고, 마음을 느끼려 애쓰고, 함께 아파하며, 연대하는 것이다. 내리막길을 동행해 본 이들은 안다. 진심 어린 공감이 있을 때 비로소 사람은 다시 자기의 삶으로 걸어 나갈 용기를 얻는다는 것을.

아들러는 인간관계 속에서 용기의 중요성을 이야기한다. 상처입은 상대를 동정하거나 섣부르게 해결하려 들기보다는, 그가 스스로 다시 한번 일어설 수 있도록 지켜주는 용기와 말뿐인 위로가 아니라 마음을 비우고 상대 이야기에 온전히 머무는 태도가 필요하다고. 바로 거기서 신뢰와 공감과 회복이 잉태된다. 따라서 우리는 모두 누군가에게 치유 받기도 하고 또 다른 누군가의 치유자가 되기도 한다.

"등불 없이도 길은 보인다. 그러나 마음이 없으면 길도 없다."

누군가의 인생에 길 하나 트는 힘은 전문적인 조언이나 기술이 아니라 마음으로 교감할 줄 아는 진심과 용기에서 비롯된다. 우리는 각자의 환경에 머무르지 않는다. 늘 새길을 묻고 또 다르게 시도하며 살아간다. 그 시작점에는 늘 '공감'이 있다.

공감을 배우려면 가장 먼저 경청의 태도가 필요하다. 그 순간부터 내가 만난 사람 내가 지나온 시간마저 다르게 각인된다. 이를 아들러는 '공동체 감각'이라 부른다. 자신이 누군가에게 작게라도 도움이 될 수 있다는 믿음. 그리고 그 속에서 자기의 가치와 행복을 찾는 삶의 방식이다.

건강은 가장 큰 선물이고, 행복은 곧 마음의 평온에서 시작된다. 내가 받은 수많은 감사의 인사, 그리고 지나간 자리마다 남는 따뜻한 미소가 그 신호다. 앞으로 또 누군가의 마음에 닿기 위해 오늘 한 번 더 성실히 들어본다. 내 말이 아닌 상대의 이야기를. 언젠가는 그 진심이 인생에서 가장 소중한 선물로 되돌아오는 날이 오리라 믿는다.

08
마음속 떨림 읽기

　　어느 날 문득, 익숙했던 일상과 나 자신이 낯설게 느껴지는 순간이 있다. 늘 지나던 길이 갑자기 다르게 보이고, 오래된 친구의 말투에서 미묘한 감정이 스치며 심지어 나의 마음까지도 낯선 풍경으로 다가올 때 말이다. 이런 순간에는 혼란이 일어나기도 하고 뜻하지 않은 새로운 시선이 열리기도 한다. 과연 나는 지금 어디에 서 있는 것일까, 자신에게 묻곤 한다.

　　나는 어릴 적부터 사람들 앞에 설 때마다 두려움이 컸다. 발표 시간이 다가오면 목소리가 떨리고 숨이 가빠져 얼굴이 붉어지기 일쑤였다. 무대는 늘 나를 위축시켰고 조명과 시선들은 부담스럽게 다가왔다. 나는 자연스럽게 안전지대에 숨었다. 그러나 어느 날, 도종환 시인의 〈담쟁이〉라는 시를 만났다.

담쟁이

도종환

저것은 벽
어쩔 수 없는 벽이라고 우리가 느낄 때
그때,
담쟁이는 말없이 그 벽을 오른다.

물 한 방울 없고,
씨앗 한 톨 살아남을 수 없는
저것은 절망의 벽이라고 말할 때
담쟁이는
서두르지 않고 앞으로 나아간다.

한 뼘이라도 꼭 여럿이 함께
손을 잡고 올라간다.
푸르게 절망을 다 덮을 때까지
바로 그 절망을 놓지 않는다.

저것은 넘을 수 없는 벽이라고

고개를 떨구고 있을 때
담쟁이 잎 하나는
담쟁이 잎 수천 개를 이끌고
결국, 그 벽을 넘는다.

짧은 시 한 편이지만 내 마음 깊은 곳까지 강한 울림을 남겼다. 담쟁이처럼 나도 내 안의 벽을 넘고 싶었고 그렇게 그 시를 마음에 품었다. 느리지만 꾸준한 담쟁이의 오름을 상상하며 그렇게 나는 시 낭송이라는 새로운 도전을 시작했다.

그러나 결심만으로 모든 게 바뀌지는 않았다. 무대에 선다는 상상만으로도 가슴이 터질 듯 뛰었다. 두려움은 여전히 나를 꽉 움켜쥐고 있었다. 그래서 나는 떨림을 조금씩 줄이기 위해 작은 것부터 차근차근 시작했다. 하루에도 여러 번 시를 소리 내 읽었다. 속으로 수십 번 읊조리며 시의 리듬과 숨결을 익혔다. 거울 앞에 서서 낭송도 해보고 녹음해 들으며 발음과 감정도 하나하나 확인했다. 그리고 용기를 내 한두 사람 앞에서 낭송해 보았다. 완벽한 낭송이 목적이 아니었다. 내 안의 두려움과 조금씩 맞서기 위해 나 자신을 더 믿기 위한 발걸음이었다.

무대에 섰을 때 심장은 터질 듯 뛰었고 두 손은 바들거렸지만,

담쟁이처럼 조심스럽게 시의 한 줄 한 줄에 마음을 실었다. 긴장과 떨림 속에서도 내 목소리에 귀 기울여주는 이들의 눈빛이 보였다. 그들의 따뜻한 공감은 다시 내게 용기가 되어 돌아왔다. 익숙함을 벗어난다는 것은 언제나 두려운 일이다. 하지만 낯섦은 혼란이 아니라 변화를 알리는 신호다. 한 발 내딛는 순간, 가로막았던 벽은 더 이상 벽이 아니다.

그날 이후 나는 깨달았다. 내 마음속 떨림을 진심으로 읽고, 온 마음으로 들어주며, 응원과 격려를 전해준 누군가의 경청. 그것이야말로 서로를 성장시키는 첫걸음이었다. 내가 시 낭송을 하고 카네기 클럽 문화의 밤 행사에 사회를 볼 수 있었던 것도, 두려움의 벽이 오히려 도전의 씨앗이 되어 주었기 때문이다.

삶의 벽은 누구에게나 있다. 사랑의 상처, 외로움의 절벽, 실패의 그림자 앞에 우리는 각자 서 있다. 담쟁이가 아무 말 없이 느리지만, 꾸준히 벽을 오르듯 그 벽을 넘는 일도 급할 필요 없다. 각자의 속도와 리듬으로 천천히 나아가면 된다.

사람들은 완벽한 말보다 그 안에 담긴 떨림과 숨결에 귀 기울인다. 나는 이제 그 떨림을 받아들인다. 그리고 벽 앞에 선 이들에게 조심스레 용기를 나누는 작은 담쟁이 잎 하나가 되고 싶다.

도종환 시인의 〈담쟁이〉는 절망과 고난이라는 벽 앞에서도 포기하지 않는 의지와 생명력을 노래한다. 시는 절망 앞에서 좌절하는 인간과 무심히 꾸준히 그 벽을 오르는 담쟁이를 대조한다. 그리고 삶의 고난을 극복하는 의지와 협동의 중요성을 일깨운다. 서두르지 않고, 혼자가 아니라 함께 손을 잡고, 끈기 있게 나아갈 때 우리는 결국 그 벽을 넘는다. 이것이 담쟁이가 전하는 메시지다.

　이 시를 마음에 품고 조금씩 나아가는 과정은, 우리가 겪는 내면의 흔들림과 변화를 직시하게 한다. 마음속 떨림을 읽는다는 것은 결국 우리 자신의 내면에 귀 기울이는 일이다. 그리고 그것이 진정한 변화를 시작하는 출발점이 된다.

09

기록하며 나를 듣기

　　　혼자의 힘으로 무엇이든 해낼 수 있는 사람이 되길 바란 적이 많았다. 그 바람은 지금도 마음속 깊이 남아 있다. 오랜 시간 성실하게 독서 모임에 참여해 왔지만, 정작 책을 읽고 남긴 흔적을 체계적으로 정리하고 요약하는 일은 늘 쉽지 않았다. 자기 주도 학습이 익숙하지 않다는 변명을 해보지만, 결국 꾸준히 기록하는 습관이 부족했음을 인정하지 않을 수 없다. 스스로 '워밍업' 기간이라 위로하며 미뤘던 시간이 생각보다 훨씬 길어졌다. 지금 돌아보면 그 시간이 과연 준비였는지, 아니면 허송세월이었는지 의문이 든다. 기록하지 않은 탓에 내 생각은 명료해지지 않았고 표현력도 늘지 않았다.

　　다행히도 다양한 기록 방식이 있다는 사실을 알게 되었다. 감사 일기, 세 줄 일기, 독서 일기, 해빙 일기 등 그 방법들은 저마다의 특징이 있지만, 모두 나의 감정과 생각을 체계적으로 정리하는 데 도움이 되었다. 기록은 단순한 글쓰기가 아니었다. 그것은 마음속 엉킨 실타래를 풀어내고, 정서적 치유와 건강을 돕는 나만의 대화였다. 일기는 글쓰기의 가장 기본이자 효과적인 훈련이다. 꾸준히 쌓인 정보와 경험은 나의 성장 증거가 되었다. 무엇보다 매일 남기는 나만의 기록 한 줄 한 줄이 지속적인 변화와 성장의 밑거름임을 깨달았다.

유시민 작가는 《공감필법》에서 새로운 의미나 사실을 발견할 때 우리는 그것을 말이나 글로 표현하고 싶은 욕구를 느낀다고 했다. 하지만 적절한 언어로 표현하지 못하는 답답함을 느끼는 사람이 많다. 언어 능력의 한계와 생각을 정리하는 훈련 부족 때문이다. 그는 독서와 글쓰기를 병행하면서 반드시 읽은 것들을 기록하라고 강조한다. 하루에 한 문장이라도 좋으니 써보라는 조언은 그런 이유에서다. 이런 작은 습관이 쌓이면 자연스레 표현력과 문장력이 향상된다고 이야기한다.

나도 여러 기록 프로젝트를 경험하며 완독 일기, 요약문, 팹톡, 그리고 짧은 긍정 문장들을 반복해서 남겼다. 작은 성취였지만 기대 이상의 선물처럼 내 안에 깊은 울림으로 남았고, 큰 만족감과 자기효능감을 느낄 수 있었다. 결국, 핵심은 '매일 한 문장이라도' 쓰는 꾸준한 루틴을 만드는 데 있었다. 그렇게 훈련하다 보면 생각이 저절로 정돈되고 말도 점차 명확해진다.

생각이 잘 정리된 사람은 말할 때도 자신감과 설득력을 얻는다. '말을 잘하고' 싶다면 먼저 내 생각을 다듬는 힘부터 키워야 한다. 그리고 그것을 글로 표현하는 연습에 힘써야 한다. 방법은 간단하다. 책을 읽을 때 마음에 남는 문장 옆에 자기의 생각을 적는다. 필사를 통해 어휘와 문체를 익힌다. 매일 일상에서 느낀 바를 짧게라도 기록한다. 이렇게 사고의 폭은 자연스럽게 넓어진다. 이러한 과정을 반복하다 보면 언젠가 자신만의 진정성 있고 센스있는 표현력을 갖게 된다.

여기서 '경청'의 힘도 빼놓을 수 없다. 내가 내 마음을 글로 기록하며 나 자신을 진정으로 경청하지 않으면, 누군가의 말에 깊이 귀 기울이기도 쉽지 않다. 글쓰기란 단순한 말하기 훈련이 아니라 '듣기의 폭과 깊이를 넓히는' 효과적인 방법이다. 오랜 고민 끝에 써 내려간 한 문장이 누군가의 마음을 울린다. 그 반응과 눈빛을 통해 나도 다시 성장한다. 이처럼 설득력 있고 신뢰받는 소통은 결국 '들을 줄 아는 힘'에서 비롯된다.

기록을 멀리하던 나는 이제 그 힘을 믿는다. 기록은 과거 나 자신과 만나는 창구다. 내 생각, 감정, 성장과 실패가 고스란히 쌓이는 시간이자 공간이다. 과거의 선택과 경험을 글로 남기며 내가 어떤 사람인지, 어디로 향하고 있는지 더 선명하게 알아간다. 기록하는 행위가 나를 관찰하고 듣는 방법이며 나를 사랑하는 방법임을 실감한다.

이제 나는 매일 자신에게 한 걸음 더 가까워지는 기록을 계속한다. 조그마한 문장 한 줄에도 진심을 담고, 내 마음의 떨림을 오롯이 들여다본다. 그렇게 나를 듣는 시간은 결국 세상과 평화롭게 소통하는 힘이 된다. 누군가에게 따뜻하게 건네는 공감의 첫걸음이기도 하다.

기록은 자신의 마음을 경청하는 시간이다. 이 과정을 통해 우리는 자연스럽게 타인의 마음에도 더욱 깊이 귀를 기울이는 사람이 된다. 마음을 진심으로 전하고 싶다면 먼저 내 생각과 감정을 글로 써보자. 그리고 그것을 말로 표현해 보자. 무엇보다 타인의 이야기를 주의 깊게 들어보자. 내가 남긴 문장 안에서 내 마음을 먼저 경청하기 시작할 때 진정한 소통도 가능하다.

　매일 자신과 타인을 경청하는 훈련을 거듭하다 보면 어느새 '좋은 독자'이자 '좋은 청자'로서 신뢰받는 사람이 되어 있을 것이다. 성장하고자 하는 모든 이에게 가장 분명하고 확실한 시작은 바로 '기록'이다.

10
긍정적으로 기대하기

신입 직원이 입사하면 가장 먼저 고려해야 할 점이 있다. 그들이 새로운 조직에 잘 적응하고 일터에서 자신감을 느끼도록 돕는 것이다. 특히 치과병원처럼 환자와 직접 소통하는 환경에서는 신입 직원의 적응 과정이 매우 중요한 핵심이다. 의료적 교육을 넘어, 사람과 사람 사이의 따뜻한 연결이 형성되어야 하기 때문이다.

처음 입사한 신입 치과위생사 선생님들의 눈빛을 기억한다. 설렘과 긴장, 그리고 알 수 없는 두려움이 묘하게 어우러져 있다. 새로운 환경, 처음 만나는 시스템과 업무, 선배와의 낯선 관계 속에서 조심스럽게 사회의 첫발을 내딛기 때문일 것이다. 이때 가장 필요한 것은 지식이나 정보 전달이 아닌 따뜻한 시선과 진심 어린 칭찬 그리고 조용한 응원이다.

시간이 흐르면서 후배들을 지켜보며 한 가지 알게 되었다. 기대를 받고 지지를 받는 사람은 달라진다는 것이다. "잘할 수 있어요." "지금처럼 해요." "충분한 가능성이 보여요." 같은 따뜻한 말 한마디가 그들의 어깨를 펴게 만들고 말투와 표정을 밝게 바꾸었다. 이것은 누군가의 가능성을 믿고 지지해 주는 태도, 즉 진실한 기대의 메시지다. 심리학에서는 이 현상을 '피그말리온 효과'라 부른다.

피그말리온 효과는 특정한 기대가 한 사람의 실제 행동과 성과에 긍정적인 영향을 미치는 현상이다. 즉, 누군가가 나를 믿고 기대할 때 나는 그 기대에 부응하기 위해 더욱 노력하려는 동기를 갖게 된다는 것이다. 그 힘은 예상보다 훨씬 강력하다. 조직 내에서 선배가 후배에게 보내는 긍정적 기대는 좋은 분위기를 만드는 것을 넘어 구성원의 성장 방향을 결정짓는 중요한 요인이 된다.

하지만 기대가 언제나 좋은 결과만 낳는 것은 아니다. 아무리 진심 어린 말이라도 상황과 맥락을 무시하면 상대에게 부담을 주거나 위축시키는 역효과가 날 수도 있다. 현실의 어려움을 무시한 과도한 칭찬은 오히려 마음의 상처가 될 수도 있기에 기대는 '경청'과 함께해야 진짜 힘을 낼 수 있다.

말 너머의 감정과 의미를 느끼고 이해하며 신입 직원의 작은 숨소리에도 귀를 기울여야 한다. 오늘은 어떤 하루였을까를 살피고 모든 면에서 조심스럽게 힘이 되어 주고 싶은 진심 어린 칭찬 그리고 조용한 응원이다. 그래야 긍정적인 마음의 문을 열고 진짜 자신감을 찾아가는 시작이 된다.

경청은 조직 문화의 깊은 뿌리가 된다. 서로의 말에 귀 기울이고, 작은 변화도 존중하며 함께 성장 의지를 다지는 분위기는 지속 가능한 협력의 에너지로 발전한다. 이것은 한 사람 개인의 성장에 머무르지 않고 조직 전체를 건강하게 만든다. 더 나아가 환자에게까지 따뜻한 긍정의 에너지가 전달되며, 신뢰를 쌓고 치료 효과를 높이는 선순환을 만든다.

기대와 응원은 거창한 말이나 화려한 행동이 아니다. 차분히 이야기를 들어주고 "괜찮아, 나도 그랬어"라는 말 한마디, "처음부터 잘하는 사람은 없어. 하다 보면 느는 거야."라는 격려가 진짜 힘이다. 그 안에 깃든 신뢰와 지지는 신입 직원에게 무엇과도 바꿀 수 없는 든든한 버팀목이 된다.

그리고 어느새 그 신입 직원이 또 다른 신입 직원에게 따스한 긍정적인 기대와 말을 건네는 선배가 된다. 진심 어린 기대와 경청은 전염된다. 하나의 기대가 또 다른 기대를 만들고, 연쇄적인 연결 고리를 일으킨다. 그 시작이 결국 조직의 미래를 바꾼다. 마치 피그말리온 효과처럼 말이다.

누군가의 첫 출근은 특별한 순간이다. 그 순간을 얼마나 진심 어린 마음으로 맞이하느냐에 따라 그 사람의 첫 1년, 더 나아가 조직의 10년이 바뀐다. 신입 직원의 가능성을 믿고 사랑하는 마음을 행동으로 보여주는 사람들이 많은 곳, 그곳이야말로 따뜻하고 건강한 직장이라 할 수 있다. 잘 듣고 행동으로 전하는 사람들이 많은 조직은 따뜻하고 건강하게 성장할 수밖에 없다.

제2장

경청의 조건, 확인과 피드백

01

성장 의지를 보여라

　　처음 데일 카네기 36기를 수료했을 때, 내 안의 작은 변화를 마주하는 것만으로도 충분히 벅찼다. 수업을 따라가고, 발표를 준비하고, 낯선 사람들 앞에서 용기를 내어 말하는 모든 순간이 나에게는 소중한 도전이었다. 매주 새로운 과제가 주어질 때마다 불안과 기대가 교차했고, 수업이 끝날 때마다 스스로 한 걸음 성장했다는 뿌듯함이 남았다. 그렇게 한 단계씩 성장해 가는 나 자신이 대견했고 그 경험만으로도 충분하다고 생각했다.

　　그런데 과정이 끝나갈 무렵, 이상하게도 마음 한편이 허전했다. 분명 성취와 보람이 있었는데도, 무언가 부족하다는 공허함이 느껴졌다. 무언가 더 배우고 싶다는 갈증, 그리고 이대로 멈추고 싶지 않다는 마음이 37기를 재수강하게 이끌었다.

재도전은 낯섦이 익숙함으로 두려움이 설렘으로 바뀌었다. 조금은 여유 있고 수업에 더 집중할 수 있었다. 그러면서 내 안에서 또 다른 열망이 피어났다. 배우는 것을 넘어 다른 사람의 성장을 돕는 '코치'가 되고 싶다는 새로운 꿈이었다. 단순히 내 성장을 확인하는 데 그치지 않고, 다른 사람의 성장에 기여하고 싶어졌다.

코치로 처음 무대에 섰던 순간을 지금도 잊을 수가 없다. 수십 번 반복 연습하고 머릿속으로 그려봤지만, 막상 무대에 오르니 온몸이 굳어 버렸다. 심장은 금방이라도 터질 것 같았고 머리는 새하얘졌다. '내가 과연 잘할 수 있을까?'라는 의문이 머릿속을 가득 메웠다.

이후에도 긴장감은 늘 따라다녔다. 하지만 시간이 흐르면서 조금씩 깨닫게 된 것이 있다. 코치의 역할은 완벽하게 말을 잘하는 것이 아니라, 오히려 원우들과 소통하며, 공감하면서 함께 성장하려는 의지가 더 중요하다는 것을.

코치를 하면서 가장 큰 보람은 나의 변화가 누군가의 성장에 동기가 된다는 사실이다. 어느 날, 수업을 마친 뒤 한 원우가 내게 다가와 "코치님의 모습을 보니, 저도 언젠가 코치를 해보고 싶어졌어요."라는 말에 뿌듯함과 감사함에 행복했다. 내가 받았던 격려와 믿음이 또 다른 누군가의 열망으로 이어지고 있음을 알았기 때문이다. 성장의 의지는 혼자만의 결심에서 끝나는 것이 아니라 서로에게 전해지고 이어지는 힘이라는 것을 실감했다. 내가 용기를 냈기에 누군가도 용기를 낼 수 있었고 그 용기가 다시 또 다른 변화와 성장을 만들어 내고 있었다.

코치를 하며 얻은 가장 큰 기쁨은 내가 받은 사랑과 관심이 또다른 사람을 변화시킬 수 있다는 것, 그리고 그 변화가 다시 나를 성장시킨다는 것이다. 우리는 서로가 서로의 거울이 되어 더 나은 방향을 찾아간다. 그 안에는 단순한 '말의 기술'이나 '표현력' 보다 훨씬 더 본질적인 것이 담겨 있다. 그것은 바로 진심으로 경청하는 마음 그리고 함께 성장하고자 하는 의지이다.

사람을 움직이는 힘은 지식이나 화려한 언변보다 마음을 다해 들어주고 그 가능성을 믿어주는 데서 나온다. 상대방의 이야기를 들어주고 그 안에 담긴 감정을 공감하며 함께 성장하고자 하는 의지를 보여주는 것이다. 그것이 사람을 움직이고 성장시키는 가장 큰 힘이다.

두려움은 성장의 신호다. 나는 여전히 두렵다. 무대에 설 때마다 새로운 도전을 시작할 때마다 긴장은 반복된다. 하지만 이제는 안다. 두려움은 피해야 할 감정이 아니라 성장의 신호라는 것을. 두려움이 없다면 도전도 없다. 불안한 마음조차도 또 다른 성장하는 내가 기다리고 있다는 것을 이제는 안다. 완벽할 필요는 없다. 중요한 것은 진심이다. 진심 어린 한마디 따뜻한 격려가 누군가에게는 용기를 얻는 힘이 된다. 또 다른 사람의 삶을 움직일 수 있다.

나는 이제 믿는다. 누구나 변화의 가능성을 품고 있으며 그 가능성은 아주 작은 용기에서 시작된다는 사실을. 한 사람의 작은 도전이 또 다른 사람의 변화를 이끌고 그 변화는 다시 누군가에게 선한 파동이 되어 전달된다. 용기는 또 다른 가능성의 문을 연다.

결국, 성장 의지를 보여준다는 것은 '나 혼자 잘 되겠다'라는 마음을 드러내는 것이 아니다. 나의 변화가 누군가의 희망이 되고, 그 희망이 또 다른 사람의 용기로 이어지는 연결 고리를 만드는 것이다.

성장은 멀리 있는 것이 아니다. 아주 작은 결심, 아주 작은 용기, 그리고 아주 작은 한 걸음에서 시작된다. 행동은 성장 의지를 보여주는 가장 확실한 증거다. 그리고 그 성장에 또 다른 사람과 함께 하기를 소망한다.

02

마음의 리듬을 들어라

사람의 마음을 들여다보는 일은 음악을 듣는 일과 참 많이 닮았다. 어떤 날은 록처럼 거칠고 강렬하며, 어떤 날은 클래식처럼 섬세하고 고요하다. 또 어떤 날은 재즈처럼 예측할 수 없는 즉흥성과 자유로움이 흐른다. 힙합처럼 자신을 강하게 표출하는가 하면 발라드처럼 조용히 감정을 눌러 담는 이도 있다.

같은 음악이라도 그날의 기분과 분위기에 따라 다르게 들리듯 사람의 마음도 매일 조금씩 달라진다. 그래서 누군가의 말을 듣는다는 건 귀로만 듣는 일이 아니다. 마음으로 그 리듬을 함께 느끼며 진심에 공감하는 일이다.

나는 한 직장에서 30년 가까이 일하면서 다양한 사람을 만났다. 그리고 깨달은 것이 있다. 일의 능숙함이나 기술보다 더 중요한 것은 결국 사람의 마음을 읽어 내는 힘이라는 사실이다.

치과 진료실에서 만나는 환자들은 늘 표정과 몸짓으로 이미 많은 이야기를 들려주고 있다. 불안이 깃든 눈빛, 조심스러운 손끝, 짧고 빠른 숨결 등 그것은 치료 과정에 앞서 반드시 먼저 들어야할 '마음의 리듬'이다.

무엇이 두렵고 무엇을 망설이는지 어떤 위로가 필요한지 그 마음을 읽는 일이 바로 진짜 경청이다. 귀와 마음을 동시에 열고 상대를 대하면 놀랄 만큼 많은 것이 들리고 보인다. 처음엔 조금 낯설고 조심스러운 관계가 조금씩 깊어지고 신뢰가 쌓인다. 오랜 시간 같이 했던 시간 덕에 환자들은 어느새 소중한 인생의 동반자가 되었다. 그 과정을 통해 나 또한 더욱 유연해지고 성장하는 사람이 되었다.

어느 날, 치과 공포증이 심한 환자 한 분이 말했다.

"선생님, 사실 치과 오는 게 제일 두려웠어요. 그런데 제 이야기를 잘 들어주고 설명도 잘해주셔서 끝까지 용기를 낼 수 있었어요."

그 고백은 마치 잔잔한 선율처럼 가슴을 울려왔다. 특별한 조언이나 위로를 한 기억은 없다. 다만 두려움을 이야기할 때 공감하며 잘 들어주었을 뿐이다. 그런 마음의 리듬이 잘 맞았나 보다.

헨리 데이비드 소로는 이렇게 말했다.

"우리가 서로에게 줄 수 있는 가장 귀한 선물은 시간과 관심이다."

시간과 마음의 여백이 누군가의 삶에 선율이 될 수 있다. 마음의 리듬을 듣는다는 것은 곧 상대를 변화시키는 동시에 나 자신을 더 따뜻한 사람으로 빛나게 하는 일이었다.

관계는 하나의 합주다. 사람마다 자기만의 음악을 갖고 있다. 어떤 이는 재즈처럼 자유롭고 즉흥적이며, 또 어떤 이는 클래식처럼 정제되고 고요하다. 중요한 것은 그 리듬을 억지로 바꾸려 하지 않고, 함께 어울려 연주하는 것이다. 오케스트라가 각 악기의 특색을 인정하며 하나의 교향곡을 만들어 가듯, 인간관계도 서로의 리듬을 존중할 때 가장 아름다운 화음을 낸다.

　사람의 감정은 음악처럼 흐르고 날씨처럼 변한다. 마음속 천둥 번개가 치는 날도 있고, 부드러운 봄바람처럼 따스한 날도 있다. 때로는 예측할 수 없는 폭풍우처럼 격하다가도 금세 갠 하늘처럼 환해지기도 한다. 어느 날은 잔잔한 클래식처럼 단정하고 묵직하며, 또 어떤 날은 촉촉한 가을 아침 안개 같은 깊은 울림을 가진다.

　돌아보면, 나의 직장 생활 30년은 하나의 긴 연주였다. 빠른 템포의 날도 있었고, 장중한 느린 날도 있었다. 그러나 그 모든 순간 속에서 변하지 않은 진실은 사람은 누구나 자신만의 리듬을 가지고 있다.

　마음의 리듬을 듣는 것은 영혼의 교감이다. 정보를 얻기 위한 기술이 아니다. 그것은 존재를 인정하는 행위이고 삶에 대한 겸손과 사랑의 표현이다. 우리는 모두 인생이라는 무대 위에서 각자의 곡을 연주한다. 마음을 듣는 일도 그렇다. 논리적 해석이나 분석보다 음악처럼 흐르는 감정을 공명시키는 것이 더 큰 울림을 만든다.

인생은 긴 연주다, 우리가 함께 만드는 앙상블이다. 아름다운 조화는 서로의 음악을 듣고 이해하는 태도다. 진정한 경청이란 내 방식의 음악만 고집하지 않고 타인의 다채로운 리듬과 음색을 존중하는 것이다. 마음의 리듬을 듣는다는 것은 결국 내가 먼저 조율되고 성장한다는 뜻이다.

듣는 것은 사랑의 또 다른 이름이다. 마음의 리듬을 듣는다는 것은 결국 내가 먼저 조율되고 성장한다는 뜻이다. 인생은 혼자 완성하는 독주가 아니라 함께 만드는 합주다. 그 합주 속에서 서로 존중하는 태도야말로 우리 삶을 완성한다. 마음의 음악은 우리를 따스한 공동체로 초대하고 일상을 더욱 풍성하게 하는 아름다운 합주가 된다.

03

정보보다 감정을 읽어라

　　　　　오늘날 우리는 수많은 정보의 홍수 속에 살고 있다. 데이터를 분석하고, 사실을 파악하는 능력이 점점 더 중요해지는 시대다. 하지만 진정한 소통과 이해는 표면적인 정보를 넘어서, 그 이면에 감추어진 마음의 소리를 읽을 때 비로소 가능해진다. 정보는 말로, 숫자로 명확히 전달되지만, 감정은 그 무게와 깊이로 관계의 본질을 드러낸다.

마음의 문을 여는 순간, 우리는 진짜 소리를 듣는다.

"지난번 치료받은 치아가 너무 아파서 밤새 잠도 못 잤어요."

몇 년 전, 한 분이 치과 문을 열고 들어오자마자 불만과 분노가

가득 담긴 목소리로 항의했다. 순간 당황했지만, 환자의 이야기에 집중하기 시작했다. 기록을 확인해 보니, 2주 전 증상을 호소했으나 비용 부담으로 치료를 미뤘던 기록이 있다. 그는 치아가 심하게 파절된 상태였다.

조심스레 환자에게 기존 치료 상황을 설명해 드렸지만, 환자는 더욱 목소리를 높이며 말했다.

"그때 치료를 설득해서라도 하게 했어야죠"

그 말에는 책임지라는 단호함이 느껴졌다. 순간 억지스러운 반응과 '왜 이런 말을 할까?'라는 생각에 혼란스러웠다. 하지만 이내 깨달았다. 그 말속에는 책임지라는 요구가 아니라 아픔과 두려움을 공감해 주고 빨리 이 고통에서 벗어날 수 있도록 치료해 달라는 재촉이었다.

"많이 아팠겠어요, 놀라셨죠. 그래서 진통제는 드셨어요?"

내가 말하자, 환자의 목소리는 낮아지고 항의하는 듯한 표정과 태도는 미안함과 신뢰로 바뀌었다.

"너무 아파서 그랬어요, 이해해 주세요"

그는 조용히 치료받기 시작했다.

마음의 문을 여는 순간 진짜 이야기가 시작된다. 큰 소리보다 작은 목소리에 집중하고, 정보보다 관계를 먼저 살필 줄 아는 감각. 그것이 현대 사회가 요구하는 진짜 경청의 힘이다.

우리는 흔히 감정의 골짜기에 빠지면 방어적으로 나선다. 목소리를 높이고, 말을 쏟아내지만, 그 중심에는 '두려움'이 내재한다. 따라서 소통의 기본은 '기다림'과 '마음으로 읽는 경청'이다. 열린 마음으로 상대의 감정을 헤아릴 줄 아는 것, 그것이 결국 신뢰를 쌓는 첫걸음이다.

마음의 문을 열고 진심으로 듣는 순간 비로소 진짜 관계가 만들어진다. 큰 소리보다 작은 목소리에 집중하고 명확한 정보보다 복잡한 관계의 리듬에 귀 기울이는 감각이 필요하다. 이렇게 마음을 연 경청은 높은 차원의 소통으로 이어져 조직과 개인 모두에게 놀라운 시너지를 발휘한다.

스타벅스는 풍부한 문화와 언어, 다양한 성격의 고객들과 마주하며 과도한 반응 대신 묻고 기다리고, 진심으로 들었다. "이 손님은 무엇이 불편한가?" "이 말 뒤에 숨어 있는 감정은 무엇인가?" 직원들에게 '경청의 눈'을 심어주며 커피 한 잔에 담긴 감성을 경험으로 확장하게 했다. 이렇게 고객들은 단순히 소비자가 아닌 브랜드와 감정을 공유하는 사람으로 변화했고, 스타벅스는 일상 속 신뢰로 자리 잡았다.

제품 품질도 중요하지만, 고객의 감정에 귀 기울이는 태도가 더 오래도록 기억을 남긴다. 치과 진료실과 스타벅스 매장은 전혀 다른 공간이다. 하지만 마음의 문이 열리는 그 순간부터 진짜 이야기가 시작된다는 점에서 같다. 큰 소리보다 작은 목소리에 집중하고, 정보보다 관계를 먼저 헤아리는 진심 어린 경청이 현대 사회가 절실히 원하는 소통의 힘이다.

우리는 흔히 말 잘하는 사람이 성공한다고 착각하지만, 진짜 필요한 사람은 말을 잘 '듣는' 사람이다. 화려한 수사보다 진심 어린 경청이 힘을 발휘한다. 작은 목소리에 귀 기울이고 정보보다 관계를 먼저 헤아리는 감성이야말로 오늘날 경쟁력을 갖춘 진짜 자질이다.

경청은 서로 다른 마음과 이야기를 조화롭게 연결하는 '시너지'이며, 일상의 평범한 순간들을 특별한 신뢰와 존중의 공간으로 변화시킨다. 따라서, 정보 그 자체에만 매몰되지 말고, 그 정보를 넘는 '감정'을 읽는 지혜를 발휘해야 한다. 기술이 발전하고 정보가 넘쳐나도, 사람의 마음을 읽는 힘만큼 중요한 경쟁력은 없다. 정보보다 감정을 읽고, 마음의 문을 여는 당신의 경청이 세상을 더 따뜻하고 풍요롭게 만든다.

04

상대의 마음에 공감하라

　　　　　사람은 논리로 설득되지만, 결국 마음으로 움직인다. 대화의 본질은 논쟁이나 주장에 있지 않다. 마음과 마음이 닿을 때 진짜 소통한다. 우리의 일상은 어떠한가. 우리는 종종 말의 옳고 그름에 집착하고, 대화 속에서 나의 주장을 증명하거나 방어하는 데 많은 에너지를 쏟는다. 그 과정에서 정작 중요한 상대의 마음을 놓치기 쉽다.

　갈등과 오해의 밑바닥에는 사실 말의 내용이 아니라 이해받고 싶다는 마음이 자리한다. 그래서 소통의 핵심은 태도다. 상대의 언어 너머 그 말에 담긴 감정과 맥락 그리고 그 사람의 세계를 함께 보려는 태도 말이다.

우리는 늘 무언가를 설명하거나 증명해야 한다는 강박 속에서 산다. 직장에서는 내 의견을 설득력 있게 주장해야 하고 가정에서는 내 생각을 설명해야 이해받을 것으로 생각한다. 그러나 모든 순간이 논증이어야 할 필요는 없다.

가끔은 말하지 않아도 편안한 순간이 있다. 침묵 속에서 고개를 끄덕여 주는 것만으로도 마음이 전해지는 순간 말이다. 상대의 말에 곧장 반박하거나 조언하지 않고, 그냥 들어주는 것만으로도 치유가 시작된다. 미국 심리학자 칼 로저스(Carl Rogers)는 "진정한 경청은 상대가 자기 자신을 발견하도록 돕는다"라고 말했다. 경청은 상대의 내면을 비추는 거울과 같다.

내가 치과에서 환자들을 만날 때 가장 크게 배운 것도 이것이다. 환자들은 종종 치료 기술보다 먼저 마음을 열어줄 사람을 찾는다. 치아의 통증만큼이나 두려움과 불안을 안고 들어오는 그들의 눈빛, 호흡, 손끝의 떨림을 읽어 내는 것이 진짜 치료의 시작이었다. 경청은 치료보다 앞서야 할 태도였다.

한때는 '착한 사람'이 되고 싶었다. 모두에게 좋은 반응을 보이고, 불편함을 주지 않고, 늘 웃으며 상대를 배려하는 사람. 그러나 시간이 흐르며 깨달았다. 착한 사람이 되는 것보다 중요한 것은 성숙한 사람이 되는 것이다.

성숙한 사람은 쉽게 판단하지 않는다. 다름을 있는 그대로 받아들인다. 필요하다면 침묵으로 기다려 주고, 필요할 때는 단호하게 진실을 말한다. 성숙은 감정을 다스릴 줄 아는 힘이며, 무엇보다 자기 자신의 마음을 먼저 이해하려는 태도다.

지혜로운 사람은 상대방의 말을 두 번 듣고 한번 말한다고 한다. 성숙한 경청의 본질이다. 성숙한 경청은 말에 반응하는 것이 아니라, 그 말 너머의 정서를 읽고 자신을 다스리며 균형 있게 반응하는 것이다.

벚꽃이 만개해 창밖으로 꽃비가 날리던 따뜻한 봄날, 오랜만에 만난 친구와 수다가 이어졌다. 날씨도 좋고 기분도 좋았다. 친구는 나에게 요즘 힘들다며 푸념을 늘어놓았다.

"그건 네가 더 신경 쓰면 돼"

한참 듣다가 무심코 생각 없는 조언을 툭툭 내뱉었다. 친구의 얼굴이 어두워졌다. 친구의 표정을 본 나는 아차 싶었다. 친구가 원한 것은 공감이었을 것이다.

"그랬구나, 많이 힘들었겠다."

이런 말이 필요했을 텐데 조언이라고 한 말들이 친구에게는 상처가 되었다. 그리고 정작 하고 싶은 말을 다 하지 못한 찜찜함만 남은 표정이었다. 말을 다 듣기도 전에 내 잣대로 판단하고 정답을 제시하려 했던 내 태도는 결국 대화의 문을 닫게 해버렸다. 그이후 나 자신에게 다짐했다. 말을 다듬는 것보다 마음을 듣는 사람이 되자고.

진정한 공감은 상대의 존재 자체를 받아들이는 일이다. 그의 의견이 내 생각과 다르더라도, 그의 감정이 내 기준으로는 과도해 보일지라도, 그 마음을 있는 그대로 인정하는 것에서 공감이 시작된다.

문학가 랄프 왈도 에머슨은 "사람들은 나의 말이 아니라, 나의 태도를 기억한다"라고 했다. 따뜻한 눈빛 하나 조용한 끄덕임 하나가 상대의 마음에 깊이 남는다. 우리가 공감을 주고받는 순간

언어는 도구일 뿐이고 진짜 대화는 그 너머에서 시작한다.

때로는 침묵이 상대의 마음에 가장 큰 공감이 된다. 가까운 사람이 큰 슬픔에 잠겨 있을 때, 수많은 말보다도 옆에 가만히 있어주는 것이 위로를 준다. 친한 친구가 상중일 때 3일 동안 자리를 지키는 이유이기도 하다. 우리는 종종 '뭔가 해줘야' 한다는 강박에 사로잡히지만, 사실 공감은 채워주기보다 비워주는 데서 시작된다.

침묵은 상대의 마음이 머무를 공간을 내어준다. 내 말이 그 공간을 차지하지 않도록 상대가 자신의 감정을 스스로 발견하고 흘려보낼 수 있도록 지켜주는 것이다. 침묵은 소극적 태도가 아니라 가장 적극적인 공감의 방식이다.

우리는 누구나 이해받고 싶어 한다. 말의 크기와 상관없이, 말하지 않아도 마음이 전해지고, 판단하지 않아도 위로가 되는 사람을 꿈꾼다. 진짜 경청은 상대의 언어가 아닌 감정을, 의견이 아닌 존재를 바라보는 일이다. 쉽게 판단하지 않고, 다름을 있는 그대로 받아들이며, 때로는 침묵 속에서 따뜻한 눈빛 하나로 마음을 전하는 태도, 그것이 바로 성숙한 사람이요 공감하는 사람의 품격이다.

대화는 사람의 이야기다. 우리는 말 너머의 마음을 듣고 사람 너머의 진심을 느낄 수 있다. 공감은 타인의 마음을 헤아리는 일이자 동시에 내 마음을 더 깊이 돌아보는 일이기도 하다. 경청은 가장 순수한 형태의 존중이다. 상대의 마음에 공감하는 순간 우리는 이미 존중을 실천하고 있다. 말보다 마음을 듣고 판단보다 공감을 앞세우며 사람 너머의 진심을 마주하는 사람, 그것이 우리가 함께 만들어 가야 할 가장 따뜻한 하모니다.

05

가까운 사이일수록 더 잘 들어라

　　'경청'이라는 단어를 떠올릴 때, 직장이나 사회 생활에서 대화를 먼저 생각한다. 회의에서 상대의 의견을 잘 들어주는 상사, 고객의 불만을 끝까지 들어주는 직원, 혹은 친구의 고민을 묵묵히 들어주는 모습이 경청의 예시로 그려지곤 한다. 그러나 정작 가장 가까운 가족, 매일 얼굴을 마주하는 사람들과의 관계에서는 어떠한가.

　　우리는 안다고 생각하고, 충분히 이해한다고 믿고, 그래서 오히려 덜 묻고, 덜 들어주며, 더 쉽게 지나친다. 가족은 언제나 곁에 있다는 이유로 '다음에 하면 되지'라는 안일한 마음을 품는다. 하지만 그 '다음'은 오지 않을 때가 많다. 사랑하는 사람의 마음은 큰 사건에서 무너지는 것이 아니라, 작지만 반복된 무심함에

닫힌다.

얼마 전, 딸아이의 졸업작품 전시회가 있었다. 오랜 시간 밤을 지새우며, 식사 시간조차 아까워할 만큼 몰두하던 모습이 아직도 선하다. 급기야 허리 통증까지 호소할 정도였지만, 딸은 감내하며 작품을 완성했다. 그 모습이 대견하면서도 짠했다.

마침내 전시회 날, 정성을 다한 작품은 좋은 평가를 받았다. 작품 앞에 선 딸은 누구보다 빛났고 당당해 보였다. 성취감으로 가득 찬 얼굴은 내게도 참 자랑스러운 순간이었다. 그러나 그 중요한 순간에 나는 한 가지를 놓쳤다. 꽃다발 대신 용돈을 건넸고, 딸이 기대했던 가족 식사는 다른 약속이 있어 다음으로 미뤘다. 딸은 울먹이며 이렇게 말했다.

"엄마는 늘 다른 사람이 먼저야. 오늘만큼은 엄마가 제일 먼저 날 생각해 줄줄 알았어."

그 말은 마치 내 가슴을 꿰뚫는 화살 같았다. 그동안 참아왔던 감정들이 한순간에 터져 나온 것이었다. 평소 투정 한 번 부리지 않던 딸이었기에 더욱더 충격이었다. 속 깊고 배려심 많은 아이였기에 나는 늘 안심했다. '괜찮을 거야, 이해해 줄 거야.'라는 생각이 결국 나를 방심하게 했다. 하지만 그 방심이 쌓이고 쌓여, 아이의 마음에 상처를 남기고 있었던 것이다.

　내가 건넨 용돈은 사실상 '편리함으로 포장된 관심'이었다. 가족 식사 대신 다른 약속을 택한 선택은 딸에게 '나는 이번에도 뒷전이구나'라는 슬픔으로 다가왔을 것이다. 딸은 내가 한 말보다 하지 않은 말에 더 상처받았고 내가 한 행동보다 하지 않은 행동에 더 아파했다. 진심은 크고 특별한 표현에서 비롯되는 것이 아니라 작지만 자주 꾸준히 전해지는 말과 행동에서 비롯된다. 화려한 말보다 반복된 관심과 따뜻한 피드백이 훨씬 더 깊은 울림을 준다. "수고했어, 참 자랑스럽다."라는 말 한마디, "오늘은 네가 주인공이야."라는 인정이 아이의 마음에 큰 힘이 되었을 것이다.

　우수천석(雨垂穿石), 작은 물방울이 단단한 바위를 뚫는다는 말이 있다. 관계도 이와 같다. 소중한 사람의 마음을 움직이는 것은 거창한 이벤트가 아니라 매일 떨어지는 작은 물방울이다. 짧은 말 한마디, 따뜻한 식사 한 끼, 조용한 눈 맞춤 하나만으로도 마음의 문은 열린다. 중요한 것은 '특별한 순간에만 잘하는 것'이 아니다. 평소의 태도와 표현이 모여서 관계를 지켜낸다.

관계는 우리가 어떤 태도로 살아가고 있는지를 가장 정확하게 비춰주는 거울이다. 사람의 마음은 큰 사건보다 작고 반복된 서운함에 더 크게 반응한다. 멀리 있는 지인에게는 친절하면서도 정작 가족에게는 무심한 모습을 보일 때가 있다. 그러나 가까운 관계일수록 마음의 상처는 더 깊고 오래 남는다. 말하지 않는다고 해서 괜찮은 것이 아니다. 가까운 가족, 친구, 배우자일수록 더 자주 묻고 더 자주 들어야 한다. 상대가 말을 꺼내지 않는다고 해서 문제가 없는 것이 아니다. 오히려 말하지 못한 채 쌓여가는 감정이 관계를 병들게 한다.

우리는 '가족은 늘 곁에 있으니까'라고 생각해 방심한다. 하지만 바로 그 생각이 가장 큰 함정이다. 언제든 함께할 수 있다고 믿는 순간, 가장 소중한 시간을 잃게 된다. 무심함으로 인해 딸의 마음에 상처를 남겼던 그 날을 후회한다. 평소 딸과 진지하게 대화했다면 나의 무심한 행동으로 딸에게 마음의 상처를 주지 않았을 것이다.

관계는 멀리 있는 사람에게서 무너지는 것이 아니다. 가장 가까운 사람의 마음을 놓칠 때, 무너진다. 그러므로 가까운 사이일수록 더 잘 들어야 한다. 더 자주 묻고, 더 자주 귀 기울여야 한다. 무심함으로 소중한 사람의 마음에 깊은 상처를 남기는 일이 없도록, 매일 작은 물방울을 떨어뜨려야 한다. 그것이 사랑을 지키는 길이며, 관계를 이어가는 힘이다.

06

해답보다 질문하라

질문은 생각을 여는 열쇠이자, 마음을 여는 문이다. 우리는 질문을 통해 궁금증을 해소하고 대화를 이어가며 서로를 이해한다. 좋은 질문은 상대에게 관심과 존중을 전하는 동시에 새로운 가능성을 열어준다. 하지만 모든 질문이 긍정적인 역할만 하는 것은 아니다. 때로는 무심코 던진 질문 하나가 누군가의 마음에 깊은 상처를 남기기도 한다. 그 질문이 호기심인지 배려인지 혹은 무심한 말장난인지에 따라 상대는 전혀 다른 감정을 경험하게 된다.

나는 부모님의 아들 욕심 덕분에 2남 3녀 중 막내딸로 태어났다. 나에게 막내라는 이름표는 사랑스럽고 귀엽고 예쁜 어리광쟁이이자 고집쟁이의 다른 표현이기도 했다. 어렸을 적 감기와 기침을 달고 살아 걱정을 끼쳤지만, 예쁨도 많이 받는 착한 아이였다.

그날도 나는 여느 날과 다르지 않은 철없는 막내였다. 동네 친구들과 놀다 집으로 돌아가는 길이었다. 한 동네 어른이 나를 보고 말을 걸어왔다.

"막내 많이 컸구나? 이제 엄마 찾으러 가야지? 곡성 다리 밑에서 뻥튀기 장사하신다던데?"

나는 순간 무슨 말인지 이해하지 못했다.

"우리 엄마는 집에 있는데요?"

나의 대답에 그 어른은 웃으며 다시 말했다.

"이제 알 때도 됐지. 곡성 다리 밑에서 주워 왔다며. 엄마 찾으러 가야지?"

그 말을 남긴 채 가버렸다. 나는 멍하니 뒷모습을 바라보며 한참을 그 자리에 서 있었다.

'주워 왔다고? 그럼, 지금의 엄마는 진짜 내 엄마가 아니야?'

생전 처음 맞이한 혼란이었다. 그 말은 세상의 기준을 흔들어 버릴 정도로 충격적이었다. 눈물이 났다. 나는 무작정 곡성을 향해 걷기 시작했다. 어둑어둑해진 길, 길고 긴 다리. 나는 소리 내어 서럽게 울었다. 무서움과 두려움이 한꺼번에 밀려왔다. 다행히 지나가던 아주머니가 놀라며 다가와 왜 우냐고 물었다. 나는 눈물 콧물에 얼룩진 얼굴로 말했다.

"곡성 다리 밑에서 주워 왔다고 해서… 엄마 찾으러 가요."

아주머니는 깜짝 놀라며 크게 웃으셨다. 이내 다정한 말투로 나를 다독이셨다.

"그건 그냥 장난이야. 막내가 예뻐서 그런 거지. 누가 그런 말을 한 거야? 혼내줘야겠네."

그날 밤, 나는 엄마 품에 안겨 "나, 안 주워 왔지?"를 수없이 반복하며 잠들었다.

시간이 오래 흘렀지만, 그날의 기억은 아직도 또렷하다.

미국의 작가 캐서린 헨은 "아이들은 당신이 어떤 말을 했는지는 잊어버리지만, 그 말이 자신을 어떻게 느끼게 했는지는 기억한다."라고 말한다. 무심히 던진 장난스러운 질문이 누군가에게는 지울 수 없는 상처가 된다. 어린 시절 나에게 던져진 질문은 재미도 관심도 아니었다. 그 질문은 존재에 대한 의심과 혼란, 불안을 안긴 날카로운 화살이었다. 질문은 궁금증을 해결하기 위한 도구지만, 때로는 상대의 마음을 무너뜨리는 흉기가 되기도 한다.

드라마 〈이상한 변호사 우영우〉 중에서도 질문과 경청의 힘을 엿볼 수 있었다. "똑바로 읽어도, 거꾸로 읽어도 우영우입니다."라고 자신을 소개하는, 천재적인 두뇌와 자폐 스펙트럼을 동시에 가진 변호사의 이야기다. 볼 때마다 매력적이고, 중독성이 있다. 특히 친구 최수연과의 우정 케미는 특별하다.

최고의 명장면 중 하나는 최수연이 장난스럽게 "나도 별명 지어줘"라고 부탁하면서, "최강 동안 최수연, 최고 미녀 최수연은 어떠냐?"라고 묻자, 우영우는 이렇게 답한다.

"아니야, 너는 봄날의 햇살이야. 로스쿨 다닐 때부터 그렇게 생각했어. 너는 나에게 강의실 위치와 휴강 정보와 바뀐 시험 범

위를 알려주고, 동기들이 날 놀리거나 속이거나 따돌리지 못하게 하려고 노력해. 지금도 너는 내 물병을 열어주고, 다음에 구내식당에 김밥이 나오면 나한테 알려주겠다고 해. 너는 밝고 따뜻하고, 착하고 다정한 사람이야. 봄날의 햇살, 최수연이야"

최수연은 우영우의 말에 감동의 눈물을 보인다. 평범한 관심과 친절이 우영우의 삶에 큰 빛과 위안이 되었다는 점을 보여주는 장면이다. 단순한 별명 요청이었지만 그 질문을 통해 최수연은 자신이 존중받고 있다는 신뢰와 따뜻함을 경험한다. 관찰과 관심이 결합할 때, 질문은 상대방의 마음을 열고 관계를 깊게 만드는 힘이 된다.

질문은 단지 정보를 얻기 위한 수단만이 아니다. 그것은 관계를 맺는 방식이고, 경청의 시작이다. 상대의 말과 감정에 진심으로 다가가려면, 우리는 먼저 질문의 힘을 자각해야 한다. '이 질문이 상대에게 어떤 감정을 남길까?'를 한 번쯤은 고민해야 한다.

질문은 대화의 방향을 결정한다. 같은 질문이라도 '궁금증을 채우려는 질문'과 '상대의 마음에 다가가려는 질문'은 전혀 다르다. 경청의 핵심은 듣는 데 있지만, 그 시작은 언제나 질문이다.

질문이 없으면 대화는 흘러가지 않는다. 하지만 더 중요한 것은 어떤 질문을 하느냐이다. 경청을 위한 질문은 상대의 감정을 존중하고, 판단을 유보하며, 함께 답을 찾아간다. 질문은 누군가의 세계를 무너뜨릴 수도, 세워줄 수도 있다.

　좋은 질문은 마음의 문을 여는 열쇠이자 경청의 시작이다. 진심이 담긴 질문은 대화의 장을 열고 상처 입은 마음을 치유한다. 반대로 무심하고 사소한 질문은 마음을 닫게 한다. 질문에는 관심과 관찰, 존중과 사랑이 담겨 있으며 한 사람의 마음을 바꾸고 삶에 빛을 선물할 수 있다. 질문 하나가 세상을 바꾸지는 못해도 한 사람의 마음을 바꿀 수는 있다. 그것이 바로 질문이 가진 힘이며 경청의 시작이다.

07

일상의 공간에서 들어라

사람과 사람이 마주하는 공간에는 보이지 않는 이야기와 감정이 흐른다. 주로 대화의 형식이나 목적만 생각하지만, 실제 삶은 그 사이사이의 순간에서 스며든다. 치과 진료실, 일상의 작은 공간에서도 마찬가지다. 눈에 보이는 것은 진료와 치료이지만, 그 안에는 수많은 표정과 감정과 이야기들이 흐르고 있다.

하루에도 수십 번 진료실 문이 열린다. 다양한 표정, 다양한 인사, 다양한 접수 방식으로 지루할 틈이 없다. 문이 열릴 때마다 밝은 얼굴로 들어와 자연스럽게 접수가 이루어진다. 오랜만에 오신 분에게 "잘 지내셨어요?"라고 묻는 순간 어떤 분은 밀린 이야기가 많은 듯 말 보따리를 풀어 놓는다. 어떤 분은 한참을 서서 이런저런 이야기를 시작하고 또 다른 분은 먼저 인사를 건네며 대화를 시작한다.

또 어떤 분은 어디가 아팠는지 자세히 설명하며 치료의 불편함을 표현한다. 때로는 다리가 불편한 분조차 신경 쓰지 않고 밀린 숙제를 풀듯 이야기보따리를 쏟아내며 아이처럼 즐거워한다. 나는 그들의 표정에서 반가움을, 말투에서 신남을, 행동에서 애정을 느낀다. 몸짓 하나 잠깐의 눈빛 교환만으로도 서로의 마음이 전해진다.

가끔은 시시콜콜하고 가벼운 이야기들이 오히려 따뜻하게 다가온다. 편안함과 웃음이 공간에 채워지고 마음이 부드러워진다. 이런 순간들이 쌓이면 대기실은 사람과 사람이 서로를 확인하고 가까워지는 작은 사회가 된다. 내가 상대방을 좋아하는 것인지 상대가 나를 좋아하는 것인지 정확히 알 수 없어도 서로의 눈을 바라보며 말하고 듣는 이 시간이 참 소중하다.

치과 대기실이라는 특수한 공간은 치료에 대한 두려움이 자리할 법도 하지만, 항상 그렇지만은 않다. 때로는 커피숍이 되기도 하고 때로는 만남의 공간이 되며 때로는 독서 공간이 되기도 한다. 치료 후 잠시 쉬는 휴식의 공간이 되기도 하고 단순히 마음을 정리하러 오는 분도 있다. 운동 삼아 들르시는 분, 혹은 치료를 미루다 결국 참지 못하고 오시는 분, 전날 밤 진통제를 먹고 후회하며 아침 일찍 문이 열리기를 기다리다 얼음물을 물고 오신 분까지 사연은 제각각이다.

치과 진료라는 뚜렷한 목적이 있는 공간이지만, 그 안에는 다양한 이유와 목적으로 만남이 존재한다. 이곳은 사람 냄새가 나는 작은 사회이다. 일상의 삶이 담긴 공간이다. 30년 가까이 환자들과 함께한 시간은 나에게 추억이자 스토리이며 가족의 안부까지 묻는 친근함은 삶의 작은 기쁨이다. 환자가 아니라 늘 함께하는 이웃이자 친척 같은 존재처럼 느껴진다.

내가, 이 공간에서 깨달은 가장 큰 가치는 경청이다. 모든 시간은 경청에서 시작되고 공감으로 이어진다. 환자의 이야기를 듣고 그 속에 담긴 마음을 읽는 순간 그들의 삶과 내 삶이 잠시 교차한다. 질문을 통해 세심한 관찰을 하고 진심 어린 대화가 모여 관계를 만들고 사랑과 추억을 쌓아온 것이다.

진료실에서의 대화 하나, 대기실에서의 짧은 웃음 하나, 잠깐의 배려와 관심이 쌓이면 사람과 사람 사이에 신뢰가 만들어진다. 어제까지 아팠던 다리가 오늘은 괜찮다고 말하는 환자의 미소에서 안도와 편안함을 느낀다. 혹은 며칠 동안 미루던 치료를 마치고 나와 인사를 건네는 분의 눈빛에서 이 공간이 일상이 됨을 알 수 있다. 이런 순간들이 쌓이면, 진료실이 아니라 마음을 나누는 생활 공간이 된다.

나에게 이 공간은 직업적 공간이 아니라, 삶을 배우고 관계를 쌓는 학교와도 같다. 환자와의 이야기, 그 속에 담긴 가족과 일상의 이야기를 들은 나에게 삶의 풍경이 된다. 그들의 기쁨, 걱정, 긴장, 웃음, 눈물, 작은 습관까지도 모두 기록된다. 이 공간에서 듣는 법을 배우고 이해하는 법을 배우며 공감하는 법을 배운다.

중요한 것은 공간 자체가 아니라 그 안에서 누군가를 진심으로 듣는 마음이다. 상대방의 말과 감정을 주의 깊게 관찰하고 질문하고 반응하는 순간 평범한 일상이 소중한 기억으로 자리 잡는다. 순간에도 귀 기울이고, 마음을 열어주는 것이 경청이다.

일상의 공간에서 만남과 대화는 삶을 풍요롭게 한다. 치과 진료실이라는 특수한 공간에서도 사람들의 이야기와 감정이 존중

되며 일상이 사랑과 추억으로 변한다. 이 공간에서 누군가의 이야기를 들어주는 경험이 쌓이면 사람과 사람 사이의 신뢰와 이해가 만들어지고, 삶은 더욱 깊어지고 풍성해진다.

질문과 관찰, 진심 어린 경청이 모이는 순간, 대화는 정보 전달이 아니라 관계의 씨앗이 된다. 한 사람의 마음을 이해하고 존중하는 순간들이 모이면 삶을 바꾸고 추억을 만들고 사랑을 이어주는 힘이 된다. 이 공간에서의 시간과 만남은 그래서 나에게 소중하고 아름다운 삶의 기록이다.

08

귓속말을 놓치지 마라

우리는 빠르게 말하고 빠르게 듣고 빠르게 잊는 시대를 살아간다. 핵심만 말하고 요점만 듣는다. 정보는 넘치지만, 감정은 생략된다. 대화는 길어도 관계는 얕고 말은 많지만, 진심은 드물다. 그런 세상 속에서 귓속말은 가장 조용한 방식으로 가장 깊은 신뢰를 만든다. 정보는 귀로 듣지만, 귓속말은 마음으로 듣는다. 귓속말은 한 사람만을 향해 몸을 기울이고 소리를 낮추며 마음을 여는 행위다. 누구나 들을 수 있는 말이 아니라 오직 단 한 사람에게만 허락된 말이다. 마음이 움직이고 관계가 앞선다.

진짜 중요한 말은 늘 작게 들려왔다. 위로도, 고백도, 용서도, 다정함도. 그런 말들은 결코 소리를 높이지 않았다. 비난은 크고 진심은 작다. 진심은 늘 조심스럽고 섬세하다. 그래서 마음을 다해 듣지 않으면 자칫 놓쳐버릴 수 있다.

어릴 적 친구가 내게 속삭이듯 말했다.

"너한테만 말하는 거야. 아무한테도 말하지 마."

그 말이 정확히 어떤 내용이었는지는 기억나지 않는다. 하지만 그 마음을 나눠준 순간 미묘한 친밀감과 특별함은 지금도 내 안에 남아 있다. 그것이 바로 귓속말의 힘이다. 사라지는 말이 아니라 마음에 머무는 말이다. 기억이 아니라 흔적이 되는 말이다.

귓속말은 말하는 사람의 용기이자 듣는 사람의 신뢰다. 신뢰 없는 사이에서는 귓속말이 오갈 수 없다. 그래서 그런 말은 쉽게 주고받을 수 없지만, 한 번 오가면 오래 남는다. 귓속말을 들으려면 몸을 기울여야 하고 고개를 숙여야 하며 무엇보다 마음을 열어야 한다. 그렇게 마음이 마음을 향해 다가갈 때 사람과 사람 사이의 거리는 '0cm'가 된다.

현대 사회에서 귓속말은 소수자의 감정과 목소리를 듣는 행위와도 연결된다. 우리는 사회적으로 강한 목소리에 익숙하지만, 약자의 마음은 작게 머문다. 회사에서 동료에게 솔직하게 자신의 고충을 말하지 못하고 웃음으로 대신하는 사람, 집에서 힘든 마음을 "괜찮아"라는 말로 삼키는 부모와 자녀, 사회적 편견 속에 숨겨진 이주민, 장애인, 노인의 감정들은 모두 귓속말처럼 조용하다. 그들의 작은 목소리를 듣고 마음을 기울이는 일이 바로 경청이며 그들의 신뢰를 얻는 길이다.

우리가 흔히 놓치는 것은 작은 목소리들이다. 사람들은 진심을 크게 외치지 않는다. 조용하고 작게 들려오는 귓속말에는 온 마음이 담겨 있다. 듣는다는 것은 정보를 얻는 것이 아니라 사람의 존재와 감정을 존중하는 것이다. 귓속말을 놓치지 않는다는 것은 곧, 상대의 마음을 인정하고 사회 속에서 그들의 존재를 존중하는 태도를 의미한다.

어린 시절 친구가 내게 속삭였던 말, 그리고 사회 속 감정을 감추고 살아가는 사람들의 작은 목소리까지 귓속말은 사라지는 말이 아니다. 마음으로 들을 때 그것은 오래도록 남는다. 그것은 신뢰이며 사랑이며 관계를 이어가는 힘이다.

좋은 귓속말은 마음이 마음에게 건네는 용기이며 선택이다. 듣고 받아들이는 사람 역시 마음을 연다. 경청은 마음으로 받아들이는 행위다. 작은 목소리, 조용한 귓속말에 집중할 때 상대의 마음을 이해하고 관계를 단단히 세울 수 있다.

귓속말을 놓치지 않는다는 것은 삶을 바라보는 방식이다. 개인에게는 친밀함과 신뢰를 사회에는 연대와 존중을 만든다. 빠른 속도와 큰 소리에 익숙한 세상에서도 작은 목소리에 귀 기울일 수 있다. 귓속말을 듣는다는 것은 청취가 아니라 마음으로 건네는 존중이며 세심한 경청이며 관계의 시작이다.

말은 지나가지만, 귓속말이 남긴 마음과 신뢰는 오래 지속한다. 귓속말을 통해 누군가에게 안도와 위로를 주고 서로를 이해하며 세상을 조금 더 따뜻하게 만들 수 있다. 그러므로 결코 귓속말이라고 해서 가볍게 여기거나 놓쳐서는 안 된다. 작은 목소리에 귀를 기울이는 태도가 삶과 관계를 살리는 힘이다.

제3장

경청의
5단계,
마음을
여는 힘

01

멈춤 – 마음과 몸을 준비하기

경청의 시작은 '멈춤'에서 비롯된다. 상대가 말을 걸 때 스마트폰을 손에 쥔 채 건성으로 대답한다면, 상대는 더이상 말하고 싶지 않을 것이다. 경청의 자세는 단순하다. 스마트폰을 내려놓고, 마음속의 다른 생각을 잠시 접은 채, 상대의 눈을 바라보는 것이다. 이 행동은 "나는 지금 당신을 온전히 들을 준비가 되어 있다"는 무언의 메시지다. 이런 태도가 상대로 하여금 마음을 열고 자신의 이야기를 시작하게 만드는 첫 단추가 된다.

나는 가족들과의 친밀함을 대화와 스킨십으로 표현하는 편이었다. 아들 역시 초등학교 저학년 시절까지는 나의 손길을 자연스럽게 받아들였다. 하지만 초등학교 5학년이 되면서부터 상황이 달라졌다. 밝던 아이가 잘 웃지 않고 내 손길을 피했다. 말수도 줄었다. 나는 아들이 사춘기가 시작된 것이라 생각해 이전처럼 계속 안아주고 뽀뽀하고 쓰다듬는 행동을 이어갔다.

그러다 어느 날, 아들의 불편함이 느껴졌다. 무시하고 싶었지만 선배 엄마들에게 조언을 구했다. 그들은 한결같이 "사춘기 아들은 예민하니 조심해야 한다"라고 했다. 마음으로는 받아들이기 싫었지만, 그날 밤 아들에게 물어보았다.

"엄마의 행동이 불편해?"

아들은 잠시 망설이다가 작은 목소리로 말했다.

"괜찮은데⋯ 친구들 앞에서는 안 그랬으면 좋겠어요."

순간 서운함이 밀려왔다. 그러나 아들의 의견을 존중하는 현명한 엄마의 모습이라 믿으며 말했다.

"그렇구나, 미안해. 앞으로 조심할게. 혹시라도 엄마가 습관처럼 행동하면 다시 이야기해 줘."

그날 이후 나는 두 가지 '멈춤'을 실천했다. 먼저, 아들의 곁에 앉아 습관처럼 하던 스킨십을 멈추고, 대신 두 손을 꼭 맞잡았다. 그리고 1미터 정도의 거리를 두며 눈을 바라보았다. 이 행동은 단순히 '손길을 멈춘 것'이 아니었다. 아들의 자율성과 독립성을 존중한다는 무언의 메시지였다.

'엄마의 사랑은 변하지 않았지만 네가 성장하고 있다는 사실을 인정해. 이제는 네가 원하는 방식으로 대할게.'

이러한 멈춤은 나의 소유적 본능을 내려놓는 연습이었고 아들이 자기의 공간에서 생각과 감정을 표현할 수 있는 안전한 자리를 마련해 주는 과정이었다.

식탁에서 가족들이 함께 앉아 있어도 어느 순간 각자 스마트폰을 손에 들고 있는 모습을 자주 본다. 과거 같으면 "가족끼리 식사하면서 대화해야지, 핸드폰만 보는 건 아니지 않아?"라며 지적했을 것이다. 그러나 이제는 생각이 달라졌다. 가족에게 강요하기보다, 각자의 취향을 존중하는 것이 더 중요하다는 것을 배웠기 때문이다.

이제는 누군가 이야기를 시작하면 자연스럽게 스마트폰을 내려놓고 대화에 참여한다. 강요하지 않으니, 대화는 오히려 자연스럽게 이어지고 가족 모두가 편안하게 집중한다. 나의 멈춤은 가족에게 강요 대신 자율을 선물했고 그 자유로움 속에서 대화는 오히려 더 자연스럽게 이어졌다.

멈춤은 단순히 행동을 멈춘다는 의미를 넘어 마음의 태도를 바꾸는 과정이다. 경청은 말하는 순간이 아니라 듣기 위해 준비하는 시간에서 시작된다. 상대의 이야기를 존중하려면 먼저 나의 욕구와 습관을 잠시 멈추어야 한다.

첫 번째 멈춤, 스마트폰을 내려놓는 행동은 "지금 당신에게 집중할 준비가 되어 있습니다"라는 메시지다.

두 번째 멈춤, 거리를 두고 스킨십을 멈춘 선택은 "아들의 자율성과 선택을 존중합니다"라는 마음을 담고 있다.

이 두 가지 멈춤은 단순한 행동의 변화가 아니라, 관계 속에서 신뢰를 지켜내는 힘이 되었다.

경청의 기술은 태도이며 그 태도의 출발점은 '멈춤'이다. 습관처럼 반복되는 행동을 멈추고 내 방식만을 고집하는 마음을 내려놓는 것, 그것이 진정한 경청의 시작이다. 멈춤은 때로 나의 서운함을 다스리는 인내를 요구한다. 그러나 그 과정을 통해 우리는 상대의 마음에 다가가고 더 깊은 신뢰와 유대감을 형성할 수 있다.

오늘날 우리는 가족과 함께 있어도 각자의 디지털 세상에 빠져 있고, 가까운 관계에서도 자기중심적 사고에 갇히기 쉽다. 이때 필요한 것은 더 많은 말이 아니라, '멈춤'이다. 멈춤을 통해 우리는 말보다 강한 경청의 힘을 배우고, 관계의 품격을 높이는 경험을 하게 된다.

제자가 스승에게 물었다.

"어떻게 하면 사람들과 잘 지낼 수 있습니까?"

스승은 잠시 말없이 제자를 바라보다가 부드럽게 말했다.

"먼저 네 발걸음을 멈추고 귀를 열어라."

이 짧은 대화 속에 인간관계의 본질이 담겨 있다. 우리는 더 많이 말하기 위해서가 아니라 더 깊이 듣기 위해 멈춰야 한다. 그리고 그 멈춤은 우리가 사랑하는 사람들과 더 깊이 연결되는 가장 중요한 시작이다.

02
집중 – 말과 마음에 귀 기울이기

경청의 두 번째 단계는 집중이다. 집중은 단순히 상대의 말을 듣는 것이 아니라 말과 마음, 감정, 그리고 의도까지 주의 깊게 살피는 태도를 의미한다. 상대의 표정, 손짓, 말투, 그리고 잠시 멈춘 호흡 하나까지 놓치지 않고 관찰하며 이해하려는 노력이 있어야 진정한 집중이 가능하다. 중간에 말을 끊거나 상대가 다 말하기도 전에 조언을 던지거나 내 경험을 이야기하며 대화를 주도하려는 실수를 하지 말아야 한다. 상대에게 온전히 집중하는 것, 그것이 관계의 신뢰를 쌓는 첫걸음이다.

나는 누구든 예의 바르게 대하고 정성스럽게 대화하려고 노력한다. 그 출발점은 집중이다. 집중하다 보면, 상대방의 말뿐 아니라 마음까지 들린다.

어느 날 친구가 어려움을 털어놓았다. 나는 표정과 말투까지 놓치지 않으려 애썼다. 처음에는 불안한 표정과 짧은 말로 조심스럽게 이야기를 시작했지만, 내 태도에 안심했는지 친구는 점점 더 자기의 생각을 정리하며 말하기 시작했다. 한참을 이야기하던 중 친구의 표정이 조금씩 밝아지는 것을 느낄 수 있었다.

이야기는 참 신기하다. 혼자 품으면 풀리지 않는 실타래가 되지만, 누군가에게 털어놓으면 차츰 풀린다. 생각이 정리되고, 새로운 아이디어가 떠오르고 해결의 실마리도 보인다. 친구도 내 앞에서 그런 과정을 거친 듯했다. 모든 이야기를 마친 친구는 스스로 결론을 내리며 말했다.

"들어줘서 고마워."

친구의 마음이 한결 가벼워졌나 보다. 내가 해 준 것은 없다. 그런데 고맙다고 하니 내가 더 고마운 상황이 되었다.

집중은 이렇게 누군가에게 '안전한 공간'을 선물한다.

의료 현장에서도 집중 경청은 매우 중요하다. 의료진은 환자의 증상뿐만 아니라 그 속에 담긴 감정과 생활 습관까지 세심하게 들어야 한다. 환자가 자신의 상태를 솔직하게 이야기할 때 비로소 정확한 진단과 맞춤형 치료가 가능하기 때문이다. 따라서 의료진이 환자에게 집중해야 하는 이유는 단순한 정보 수집이 아니다. 그것은 신뢰를 기반으로 더 나은 치료 결과를 끌어내기 위한 핵심 과정이다.

의료진과 환자 사이의 신뢰 형성은 치료 성공률, 환자 만족도, 삶의 질 등 다양한 측면에서 치료 결과를 높이는 핵심 요소임이 검증되고 있다.

집중이 중요한 이유는 그것이 상대의 내면세계를 이해하고 관계의 신뢰를 쌓는 통로이기 때문이다. 집중하지 않으면 상대는 이해받지 못한다고 느끼며 마음을 닫는다. 반대로 집중해서 들으면 상대는 안전함을 느끼고 더 깊은 생각과 감정을 나누게 된다.

경청에서 집중은 말과 마음을 담아 귀 기울이려는 지속적인 노력이다. 우리는 상대를 이해하기 위해 의식적으로 주의를 기울이고, 판단과 선입견을 잠시 내려놓아야 한다. 집중이야말로 진정한 소통과 신뢰를 만드는 힘이며 사람과 사람을 이어주는 가장 강력한 열쇠다.

말은 눈에 보이지 않는다. 며칠 전 동료가 "좋은 향이 나요"라고 말해 나도 코를 킁킁거리며 좋은 향의 출처를 찾았다. 문득 말과 향이 닮았다는 생각이 들었다. 말도 향처럼 눈에 보이지 않는다. 말은 입 밖으로 나오는 순간 잔향을 남긴 채 사라진다.

눈에 보이지 않는 말을 우리는 왜 그렇게 집중해서 들어야 할까? 그 이유는 단순하다. 집중이 말의 의미를 형체로 만들어 우리의 머리와 마음에 남기기 때문이다. 완전한 공감은 어려울지라도 집중은 그 말과 마음을 우리 안에 온전히 새기게 한다.

03
공감 – 마음의 울림을 함께하기

　　집중 경청이 상대의 이야기를 이해하는 과정이
라면 공감은 말보다 태도가, 행동보다 마음의 울림이 함께 하는
정서적 예술이다. 말 속에 스며 있는 감정의 결을 함께 느끼고 눈
빛이나 작은 미소, 살짝 고개를 끄덕이는 움직임으로 그 울림을
표현하는 것이다. 이러한 공감은 마음의 벽을 서서히 낮추게 하
고 상대에게 '당신은 내 편이구나'라는 믿음을 느끼게 한다. 사람
은 자신을 있는 그대로 받아주는 누군가 앞에서 가장 솔직한 모
습으로 마음을 내보이게 된다.

　　진료실에서 공감은 매우 중요하다. 20년 이상 성실하게 예약
을 잘 지켜오신 환자분이 1년 만에 오셨다. 표정이 어둡고 왠지
핼쑥해 보였다.

"그동안 어떻게 지내셨어요? 많이 바쁘셨어요?"

그는 잠시 침묵하다가 대답했다.

"아내가 세상을 떠났어요."

순간 마음이 묵직하게 내려앉았다. 어떻게 위로해야 할지 잠시
망설였다. 그러다 나도 모르게 손등을 토닥였다. 말은 필요하지
않았다. 토닥임과 눈빛만으로도 그분의 마음이 조금은 위로받고
있음을 느낄 수 있었다. 말보다 마음의 울림이 전해지는 순간이
었다. 공감은 문제를 해결해 주는 기술이 아니라 함께 아파하며
메시지를 건네는 따뜻한 마음이다. 그것이 타인의 슬픔에 대처
하는 진정한 공감이다.

공감은 슬픔에서만 필요한 것이 아니다. 누군가의 성취와 기쁨
을 함께 나누는 순간에도 큰 힘을 발휘한다. 얼마 전 오랜 친구가
승진 소식을 전하며 맛있는 저녁을 사주겠다고 초대했다. 순간
너무 기뻤다. 나는 친구의 노력과 열정을 잘 알고 있었기에 신이
나서 진심으로 축하해 주었다.

"수고 많았다. 네가 이 자리에 오기까지 정말 노력 많이 했잖아. 앞으로도 더 잘할 거야."

친구를 끌어안고 내 일처럼 기뻐해 주었다.

"네가 이렇게 축하해 주니까 승진이 더 특별하다. 어디 가서 말도 못 하겠어. 자랑하는 것 같아서."

친구는 웃으며 속마음을 말했다.
기쁨의 순간에 함께 웃어 주고 응원해 주는 공감은 단순한 축하가 아니라 삶을 북돋아 주는 에너지다. 타인의 성공을 내 일처럼 기뻐할 수 있을 때, 단순한 친분이 아닌 서로의 성장을 돕는 동반자가 된다.

공감은 언어로 표현되지 않아도 충분히 마음에 닿을 수 있다. 손등을 토닥여 준 순간처럼, 친구를 끌어안고 축하해 준 순간처럼, 진심 어린 마음은 언어를 초월해 상대방에게 위안과 안정감을, 기쁨과 행복감을 선사한다. 그리고 서로의 안전한 공간이 되어주고 관계를 지탱하는 보이지 않는 힘이 되어 준다.

타인의 슬픔에 대한 공감은 함께 아파하며 위로하는 마음에서 시작되고, 기쁨에 대한 공감은 질투하지 않고 함께 기뻐하는 태도에서 완성된다. 상황은 다르지만, 본질은 같다. 상대의 감정을 있는 그대로 인정하고 함께 나누는 것, 그것이 공감의 핵심이다.

이러한 작은 연결 고리는 그 마음을 지지하고 함께 서 있는 힘이다. 서로의 마음을 열 수 있는 안전한 공간이다. 마음으로 느껴지는 작은 떨림과 따스함이다.

우리는 흔히 "무슨 말을 해줘야 위로가 될까?", "어떻게 표현해야 더 멋진 축하가 될까?"를 고민한다. 그러나 결국 중요한 것은 말이 아니다. 공감은 언어 이전의 태도이고 마음의 울림이다. 상대의 눈빛을 바라보고 손끝에 따뜻함을 담아 건네며 진심을 담아 응원하는 그 순간에 공감은 가장 강력한 힘을 발휘한다.

오랜만에 빈센트 반 고흐의 《별이 빛나는 밤》이라는 작품을 정우철 도슨트의 해설과 함께 다시 접하게 되었다. 평소 어두운 작품에는 관심이 없었던 나였지만, 해설이 곁들여진 작품 감상은 고흐의 세계를 조금 더 깊이 이해하고 공감할 수 있는 경험이 되었다.

흔히 고흐의 삶이 짧고 고통스러웠다고 알려졌지만, 도슨트는 그가 동생 테오의 지원 덕분에 원하는 그림을 자유롭게 그리며 나름의 행복한 삶을 살았을 것이라는 관점으로 해석했다. 매우 신선했다. 그래서였을까? 고흐와 고흐가 남긴 작품에 더 공감할 수 있었다. 실제로 그는 약 10년이라는 짧은 화가로서의 삶을 사는 동안 동생 테오의 도움을 받으며 꾸준히 작품 활동을 할 수 있었다는 점에서 그의 삶이 불행으로만 정의될 수 없음을 알게 되었다.

특히《별이 빛나는 밤》은 생레미 정신병원에서 그린 작품으로, 소용돌이치는 하늘과 빛나는 별들 속에서 불안과 고요, 절망과 희망이 교차한다. 붓칠 하나하나에는 긴장과 안도, 외로움과 열망이 살아 있으며, 그림을 바라보는 나 또한 그의 내적 감정을 함께 느낄 수 있었다.

동생 테오와 주고받은 편지 속에서 드러난 그의 고독과 열정을 알고 나니 그림의 색채와 질감에 담긴 예술적 깊이가 더욱 크게 다가왔다. 이번 감상을 통해 고흐의 세계가 단순히 비극이 아닌 복합적이고 풍부한 삶의 표현임을 깨닫게 되었다. 그리고 고흐의 작품을 사랑하는 찐팬들의 마음을 이해하고 공감하는 특별한 시간이 되었다. 평소 관심 없었던 작품이 마음속에 들어와 공감할 수 있었던 이유는 마음의 울림이 함께했기 때문이다.

공감은 마음과 마음이 만나는 순간의 기적이다. 작은 순간들이 모여 안전한 공간을 만들고 삶을 지지하며 더 깊이 있게 성장하게 만들기 때문이다. 공감은 매일의 선택에서 비롯된다. 그 선택이 관계를 변화시키고 성장시키며 세상을 조금 더 따뜻하게 바라보게 한다. 그래서 공감의 세계는 넓다.

공감은 작은 표현에서 시작된다. 따뜻한 눈빛, 작은 손짓, 진심 어린 미소, 그리고 이해하려는 마음의 노력이면 충분하다. 비언어적 태도가 상대의 마음에 더 큰 울림을 남긴다. 말로 설명하지 않아도 전해지는 마음이야말로 공감의 본질이다.

04

확인 - 의미를 되짚어 주기

진정한 경청은 단순히 귀로 듣는 데서 끝나지 않는다. 상대가 전하고자 하는 말을 내가 제대로 이해했는지 확인하는 단계가 필요하다. "그러니까 네 말은 ○○라는 거지?"라는 한 문장이 그 예다. 확인은 상대방에게 "내가 하고 싶은 말을 제대로 알아주고 있구나"라는 안도감을 주고, 오해를 줄이며 대화를 더 깊이 이어가게 만드는 역할을 한다.

얼마 전, 취업을 앞둔 딸아이와 단둘이 떠나는 첫 여행을 다녀왔다. 크리스마스 겸, 취업 축하 겸, 엄마와 딸만의 '꽘 자유여행'이었다. 출발 전 우리는 다짐했다.

"이번 여행은 절대 싸우지 말자. 그리고 명품관 가도 구경만 하

고, 절대 사지 말자. 항공권만으로도 아주 비쌌으니까."

시작은 순조로웠다. 따뜻한 햇살, 여유로운 일정, 즐거운 수다만으로도 일상을 벗어난 기분을 충분히 느낄 수 있었다. 여행 3일째 되던 날, 점심 메뉴 고민이 시작되었다.

"피자 먹을까, 햄버거 먹을까?"

'괌에 왔으니 피자를 먹어 봐야' 한다고 딸이 무심코 말했던 것을 기억하고 우리는 피자집으로 갔다.

"엄마 뭐 먹을 거야?"
"아무거나 먹자".

나의 이 말이 문제였다. 딸 표정이 굳어졌다.

"엄마가 피자 먹고 싶어 하는 것 같아서 일부러 왔는데, 정작 엄마는 아무거나 먹으라니…. 너무 서운해."

딸이 눈시울을 붉혔다. 순간 당황스러웠다. 사실 나는 특별히 피자가 먹고 싶지 않았다. 단지 딸이 먹고 싶어 하는 것 같아서 맞춰 준 것뿐이었다. 그런데 딸은 엄마를 배려해 피자를 선택했다고 한다. 그래서 나의 무심한 반응이 더 서운해 자꾸 눈물이 난다고 했다. 서로를 위하는 마음이었는데, 확인하지 않은 그 마음이 오히려 상처가 되고 말았다. 결국 햄버거와 피자 대신 눈물이 반찬이 된 점심을 먹게 되었다.

웃지 못할 해프닝은 여기서 끝이 아니었다. 울며 호텔로 가는 길, 경찰차가 우리 차를 따라붙었다. 괌은 속도 규정이 엄격한데, 대화에 정신이 팔려 제한속도를 넘긴 모양이었다. 경찰이 창문 너머로 "괜찮으세요?"라고 묻자, 딸은 눈물이 범벅된 얼굴로 "엄마예요…"라고 대답했다. 다행히 경찰은 주의만 주고 보내줬다. 그날 하루는 정말 잊지 못할 날이 됐다.

"그러니까 네 말은 피자를 먹고 싶다는 거지?"라고 한 번만 되물었더라면 오해로 인한 상황은 일어나지 않았을 것이다. 서로의 진심을 확인하지 않았기에 서로를 위한 배려가 오히려 오해가 되어 상처가 된 것이다. 말의 표면만 듣는 것이 아니라, 그 속에 담긴 의도와 마음을 다시 확인하는 과정이다.

그날 딸의 말과 행동을 조금만 더 깊게 들었더라면, 그리고 그 마음을 되짚어 확인했더라면, 우리의 여행은 훨씬 더 따뜻하고 멋진 추억으로 남았을 것이다. 결국, 확인은 사랑하는 사람의 마음을 더 가까이 들여다보게 해주는 가장 확실한 다리였다.

하버드 대화 연구에서도 갈등의 상당수는 의도나 감정이 왜곡되어 전달될 때 생긴다고 한다. 하지만 "네가 말하고 싶은 건 ○○라는 뜻이지?"라는 확인만으로도 오해의 상당 부분이 줄어들고, 관계는 더 깊어진다고 한다.

피자냐 햄버거냐 하는 사소한 선택에서조차 확인은 중요하다. 작은 오해가 큰 갈등으로 번지기도 하고, 작은 확인이 큰 신뢰로 자라기도 한다. 결국 확인은 '배려를 상처로 남기지 않고 사랑을 온전히 전달하게 만드는 안전띠'이다.

돌이켜보니 그날의 해프닝은 여행에서 일어난 우리 모녀 사이 가장 잊지 못할 추억이 되었다. 울고 웃던 그 시간 덕분에 나는 한 가지 교훈을 얻었다. 대화에서 가장 따뜻한 말은 때로 "그러니까 네 말은 ○○라는 거지?"라는 확인이다. 그 짧은 문장이 마음과 마음을 이어주는 가장 확실한 길이었다.

05
응답 - 존중을 담아 대답하기

　　경청의 마지막 단계인 응답은 내가 말할 차례라는 신호가 아니다. 그것은 상대의 이야기를 마음에 담아 두고 존중의 온기를 얹어 되돌려 주는 과정이다. 우리는 흔히 누군가 어려움을 털어놓으면 곧바로 해결책을 제시하거나 자기의 경험을 꺼내 조언하려 한다. 그러나 진정한 응답은 말보다 먼저 상대의 감정을 있는 그대로 이해하고 존중하는 데서 시작된다. 조언보다 공감이 해결책보다 이해가 더 큰 힘을 발휘한다. 존중 속에서 이해받는 순간 사람은 스스로 길을 찾을 용기를 얻게 된다.

　　아이를 키우면서 지금까지 마음 아픈 기억이 있다. 사춘기라고만 생각했던 아들이 평소와 달리 축 처진 얼굴로 집에 들어왔다. 말없이 책가방을 던지는 모습이 평소와 달랐다.

"요즘 무슨 일 있어?"

아들은 잠시 망설였다.

"한 친구가 자꾸 툭툭 건드리고 시비를 걸어요."

그 말을 듣는 순간 마음속에서 긴장감이 생겼다. 하지만 상황을 심각하게 받아들이기보다는, '사춘기 아이의 사소한 고민' 정도로 치부하며 넘겼다. 며칠이 지나고 아들은 다시 말했다.

"전학 가면 안 돼요?"

그제야 사태의 심각성을 깨달았다. 무언가 잘못되었다는 신호가 분명했다.

"자초지종을 말해봐."

아들의 이야기를 한참 들어 주었다. 아들의 처지에서 이해하려고 노력했다.

"엄마가 내일 선생님께 전화해 볼게."

하지만 아들은 울먹이며 말했다.

"선생님도 똑같아요. 나한테만 이해하래요."

선생님께 전화를 걸었다. 돌아온 대답은 선생님도 해결할 수 없는 부분이 있다는 것이었다. 문제를 일으킨 친구는 집안 사정 상 통제할 보호자가 없다는 것이었다. 제대로 돌봄을 받지 못하 는 아이였다. 그리고 아들뿐만 아니라 반 친구들 전체를 툭툭 건 들고 괴롭힌다는 것이었다. 고민에 빠졌다. 그 아이를 만나 볼까 도 했지만, 아들에게 말했다.

"그 아이도 사정이 있대. 조금만 이해해 주면 어때?"

아들은 울먹이며 반문했다.

"그래서 계속 참으라는 거예요?"
그 순간 나는 미안했고 마음이 아팠다. 누구의 잘못이라 단정 할 수도 없었고 문제를 해결할 만한 뾰족한 방법도 찾지 못했기 때문이다. 그래서 아들의 눈을 똑바로 바라보지 못했다. 아들은 예민하고 힘든 시기를 건너고 있었다. 나는 아들의 감정을 있는 그대로 이해하고 존중하며 응답했어야 했다. 하지만 아들에게 이해를 권하는 말로 위로하려 했을 뿐이었다.

아들은 존중받지 못했다는 상처를 떠안고 그 시기를 견뎌야 했다. 만약 그때 아들의 전학 요청을 진심으로 받아들이며 이렇게 말했다면 어땠을까?

"아주 힘들었지? 어떻게 하는 게 좋을지 같이 고민해 보자."

이렇게 말했더라면 아들은 자신의 마음이 존중받았다는 확신 속에서 더 긍정적이고 주도적인 선택을 할 수 있지 않았을까?

존중 없는 응답이 남기는 영향은 깊다. 응답은 상대의 감정과 선택을 존중하는 신호다. 존중 없는 대답은 상처를 남기고 공감 없는 조언은 부담이 된다. 특히 아이에게는 이러한 경험이 자존감과 자기효능감 형성에 큰 영향을 미친다. 아이의 마음이 닫히지 않게 "너의 감정을 존중한다"라는 응답은 아이를 안전하게 만들고 마음을 열게 한다.

하버드 비즈니스 리뷰(HBR)에서도 경청을 이렇게 정의한다.

"경청은 상대의 말을 듣는 것이 아니라, 그 말을 존중하는 태도다."

한 연구에서도 "응답은 존중을 실천하는 마지막 단계"라고 강조한다. 가정에서도 마찬가지다. 아이는 부모의 태도를 통해 세상을 배우며 존중을 경험할 때 건강하게 성장한다.

응답의 핵심은 상대의 이야기를 충분히 듣고 감정을 인정하며 함께 고민할 준비가 되어 있음을 보여주는 것이다. '어떻게 대답하느냐?'가 관계의 질을 결정한다. 존중을 담은 응답은 '너는 중요한 존재야'라는 확신을 주는 가장 강력한 언어다. 우리는 매 순간 상대의 감정과 선택을 존중하는 응답을 함으로써 관계뿐만 아니라 모든 인간관계 속에서 신뢰와 이해를 쌓아갈 수 있다. 존중을 담은 응답은 단순한 말 이상의 힘을 가지며 관계를 깊게 만들고 마음의 울림을 함께 나누는 기적을 만들어 낸다.

경청은 단순한 대화 기술이 아니라 삶을 바꾸는 힘이다. 경청의 5단계를 다시 한번 살펴보자.

· 1단계 멈춤은 상대에게 말할 수 있는 공간을 제공하는 것

· 2단계 집중은 상대의 마음을 열도록 도와주는 것

· 3단계 공감은 상대와의 관계를 따뜻하게 하는 것

· 4단계 확인은 상대를 오해 없이 이해하는 것

· 5단계 응답은 상대를 존중하고 신뢰를 쌓는 것

이 경청의 5단계를 반복하며 잘 실천하면 우리는 단순히 말을 잘 듣는 사람이 아니라 누군가의 인생에서 꼭 필요한 사람이 될 것이다.

제4장
경청의
효과,
신뢰와
자기
성장

01

신뢰 구축

우리는 매일 수많은 대화 속에서 상대의 마음을 듣고 이해할 기회를 얻는다. 그러나 대부분은 상대의 말보다 자기 생각과 판단에 집중한다. 마음을 읽고 공감하며 신뢰를 쌓아가는 일은 쉽지 않지만, 그 과정에서 얻게 되는 것은 정보가 아니라 관계의 깊이와 자기 성장이다.

1998년 봄, 오빠는 오랜 꿈이었던 치과 개원을 준비하며 바쁘게 지내고 있었다. 나는 그 길에 기꺼이 동참했다. 오빠와 함께한다는 사실이 자랑스러웠고, 동생으로서 든든한 지원군이 되고 싶었다. 개원 준비 동안 보건소와 치과, 기공소를 오가며 하나씩 일을 배워 나갔다. 힘들었지만 그보다 기대와 설렘이 더 컸다.

그러나 준비 과정에서 마음이 흔들렸다. 일을 배우러 다니던 치과에서 직원들과 똑같이 출근하고 퇴근하라는 요구가 부당하게 느껴졌기 때문이다. '일만 잘 배우면 되지, 꼭 그렇게까지 해야 하나?' 하는 생각이 앞섰다. 결국 나는 중도에 그만두겠다고 말해 버렸다. 오빠의 입장과 상황을 충분히 고려하지 않은 채 불편한 감정이 먼저 튀어나온 것이다.

며칠 뒤, 술에 취해 들어온 오빠는 짧지만 마음 깊이 울리는 말을 내게 건넸다.

"막내야, 같이 하자."

순간 가슴이 뭉클했다. 철없던 내 행동이 원망스러웠고, 미안함과 감사가 뒤섞여 눈물이 났다. 오빠의 기대에 부응하지 못했다는 자책이 밀려왔지만, 그 말 한마디가 나를 다시 일으켜 세웠다. 오빠는 나의 부족함보다 진심과 의지를 봐주었다.

돌이켜보면, 그것은 병원의 전체적인 분위기를 배우라는 의미였을 것이다. 만약 오빠가 그렇게 해야 하는 이유를 충분히 설명해 주었다면 내 마음도 달라지지 않았을까? 하지만 그때는 몰랐다. 나의 미숙함과 성급한 판단이 드러난 행동은 오빠에게도 나 자신에게도 오래도록 미안함과 불편함으로 남았다. 그날 알았다. 신뢰는 일방적인 기대가 아니라 서로를 이해하고 공감하며 함께 걸으려는 마음에서 비롯된다는 것을.

그 일을 계기로 나는 조금 더 성숙한 눈으로 세상을 보고, 더 깊은 마음으로 이해하며, 더 따뜻하게 공감하는 사람이 되기 위해 노력했다. 상대방의 관점에서 세상을 바라보는 마음이 얼마나 중요한지, 오랜 시간 표현하지 못했던 믿음과 신뢰, 그리고 감사가 얼마나 깊이 쌓이는지를 알게 되었다. 오빠와 함께한 모든 시간은 나에게 단순한 경험을 넘어 삶의 태도와 관계의 방향을 알려주는 나침판이 되었다. 때로 멘토였고 때로 삶의 모델이었으며 존경하는 인생 선배였다.

헬렌 켈러는 말했다.

"타인의 고통을 무관심으로 넘기면, 우리는 결국 자신의 고통도 외면하게 된다."

누군가의 마음을 읽지 못했을 때의 불편함은 결국 내 마음에도 남는다. 공감은 힘든 상황에서 더욱 절실하고, 평온한 때보다 위기 속에서 더욱 빛난다. 세상은 빨리 판단하고 결론을 내리라 재촉하지만, 공감은 서두르지 않는다. 천천히 그리고 끝까지 함께 나누는 마음이야말로 가장 큰 힘이다.

오빠의 "막내야, 같이 하자"라는 말은 그 모두를 보여주었다. 원망도 조건도 없고 오직 이해와 용서 그리고 함께 걸어가겠다는 다짐만 담긴 말이었다. 경청과 공감은 바로 이런 순간에서 진가를 발휘한다. 잘 들어주고 진심으로 반응하는 태도는 상대에게 '혼자가 아니다'라는 확신을 준다.

이 경험을 통해 나는 깨달았다. 경청은 마음을 열고 상대와 신뢰를 쌓는 과정이다. 그것은 나 자신을 성장시키는 과정이기도 하다. 인간관계 속에서 순간적 감정에 흔들릴 수 있지만, 깊은 이해와 공감 위에 쌓인 신뢰는 그 어떤 순간적 판단보다 오래 남는다.

이러한 경험은 개인적인 관계를 넘어 사회적 관계에도 적용된다. 조직이나 학교, 사회에서 누군가의 마음을 제대로 듣고 공감할 때 그 관계는 의미 있는 힘을 발휘한다. 경청과 신뢰를 통해 성장한 마음은 주변 사람들에게도 긍정적인 영향을 미친다.

신뢰는 삶의 태도다. 순간의 미숙함은 누구에게나 있지만, 진심으로 상대를 이해하고 마음을 열어 경청할 때 우리는 신뢰를 구축하고 관계를 깊게 한다. 오빠와의 경험은 공감과 경청이 어떻게 큰 변화를 만들어 내는지 그리고 그것이 어떻게 자기 성장으로 이어지는지를 알려주었다.

결국 경청은 삶을 바라보는 방식이며, 신뢰는 마음에서 비롯된다. 그리고 자기 성장은 그 모든 경험 속에서 꽃핀다. 누군가의 마음을 듣고 공감하며 함께 걸어가는 선택이 우리 삶을 더욱 의미 있게 만드는 이유다.

02

문제해결

우리는 흔히 몸에 멍이 들고 상처가 나야 아프다고 생각한다. 그러나 마음의 상처는 눈에 보이지 않기에 더 깊고 오래간다. 겉으로는 아무렇지 않은 듯 보여도 속으로는 오래도록 흔적을 남긴다. 그래서 더 무겁게 느껴지고 때로는 치유하기도 어렵다. 특히 마음의 상처는 대부분 가까운 사람 사이에서 생겨나기에 더 아프게 다가온다.

5년 전, 갑자기 아빠를 떠나보내고 엄마는 혼자가 되셨다. 처음에는 씩씩하게 지내시는 것 같았지만, 시간이 지날수록 감정 기복이 심해졌다. 어느 날은 "고맙다, 예쁘다" 하시며 웃다가도, 또 다른 날은 작은 일에도 예민해지고 주변 사람 이야기를 곱게 하지 않으실 때가 많았다. 없었던 일을 있었던 것처럼 말씀하시기도 했다. 내가 알던 온화한 엄마의 모습은 조금씩 사라지고 낯선 모습이 자꾸 보였다.

그러던 어느 날 엄마가 갑자기 다급하게 말씀하셨다.

"야, 통장하고 카드가 없어졌다."

나는 별일 아니라고 생각했다. 평소에도 가방 속에서 찾던 물건이 갑자기 없어진 것 같다고 하실 때가 있었기 때문이다. 실제로 엄마의 가방 안을 살펴보니 그대로 있었다.

"여기 있네, 엄마."

그런데 엄마는 고개를 절레절레 흔들었다.

"하나가 더 있었는데…."

잠깐 말씀을 멈추더니 혼잣말로 작게 중얼거렸다.

"죽으면 다 줄 텐데. 벌써…."

순간, 싸늘하면서도 찝찝한 느낌이 들었다. 눈을 제대로 마주 치지 않는 엄마의 시선과 의심이 담긴 표정은 나를 혼란스럽게 만들었다. 너무 큰 충격이었다.

"엄마가 나를 의심하시다니…."

서운함과 억울함이 한꺼번에 밀려왔다. 더 이상 이야기하고 싶지 않았다. 이미 엄마 마음속에는 내가 탐을 내고 통장을 가져갔다는 확신이 자리 잡은 듯했다. 답답하고, 울컥했다. 그날 밤, 마음에 생긴 상처가 좀처럼 가라앉지 않았다.

그 일 이후로 한동안 엄마의 생각을 이해하려 하지 않았다. 솔직히 거리를 두고 싶었다.
'내가 뭘 그렇게 잘못했길래 나를 의심할 수가 있지?'
억울한 마음이 더 컸다. 그럴수록 나이 들면서 겪는 정서적 변화와 불안과 초조 그에 따르는 감정 기복의 심화로 실제로 일어나지 않은 일을 사실처럼 믿는 섬망 증상이라고 나를 위로해야만 했다. 엄마는 아빠가 가시면서 남긴 숙제라고 생각하면서 말이다.

시간이 지나면서 상처와 서운함은 뒤로하고 엄마의 문제해결을 위해 이 상황을 자연스럽게 받아들이기로 했다. 엄마를 치유하려면 무엇보다 엄마의 마음을 먼저 들어봐야 했다. 그래서 조금씩 대화를 시도했다. 우선 엄마가 하는 말을 끝까지 들었다. 가끔은 이해되지 않는 말씀을 하셔도 판단을 멈추고 그 말 너머의 마음을 보려고 애썼다.

그 과정에서 보이지 않는 것들이 보이기 시작했다. 엄마의 변화는 노화의 문제가 아니라 홀로 된 세월 속에서 쌓인 외로움과 불안 그리고 상실감 때문이라는 것을. 사랑하는 배우자를 떠나보낸 후 익숙했던 일상의 리듬이 무너져 삶의 중심이 비어버린 자리에서 엄마는 불안에 휩싸였던 것이다. 그 사실을 깨닫자, 나는 조금씩 엄마의 눈으로 세상을 바라보게 되었다. 엄마가 느꼈을 외로움이 어떤 것이었는지, 그 안에서 싹튼 불안이 얼마나 컸을지 이해되기 시작했다.

요즘 엄마가 자주 하시는 말이 있다.

"막내가 있어서 참 고맙다."
"이렇게 왔다 가니 이쁘다."

현관 앞에 앉아 나를 마중하고 배웅하며 들리는 엄마의 말은 사랑 고백이다. 예전처럼 소녀 같은 미소를 지으실 때면 나도 덩달아 소녀가 되는 기분이다. 엄마의 따뜻한 미소 속에서 치유의 시간을 천천히 건너고 있음을 느낀다.

마음의 상처는 물리적 상처보다 오래 남는다. 그러나 그것을 덜어내는 힘도 사람에게서 나온다. 상대의 말을 끝까지 들어주고 판단을 멈추고 그 말 뒤에 숨은 마음을 읽으려 할 때 불안과 오해는 조금씩 풀린다. 잘 들어주는 것만으로도 상대의 마음은 안정된다. 물론 마음의 상처가 완전히 사라지지 않을 수도 있다. 그러나 대화를 통해 충분히 덜어낼 수 있다.

나는 지금도 엄마와 도란도란 이야기를 나누며, 소곤소곤 웃고 때로는 울며 지낸다. 엄마의 이야기를 들으며 마음을 치유 받는다. 엄마를 이해하고 공감한다는 것은 나를 키워주신 시간과 사랑을 인정하는 일이자 엄마가 감당했던 고독과 두려움을 이해하려는 마음이다.

현실은 바쁘고 돌봄은 때때로 지친다. 때론 억울하고 속상한 순간도 찾아온다. 하지만 나는 알게 되었다. 공감과 경청은 평생 후회하지 않을 선택이라는 것을. 지금 들어줄 수 있는 이 시간이 무엇보다 소중하다. 남은 시간이 길지 않을 수도 있다는 사실을 생각하면 지금, 이 순간이 더욱 의미 있게 다가온다.

엄마 곁에서 마음을 읽는 연습을 한다. 더 많은 웃음을 나누고 더 깊이 이해하고 공감하는 날들을 이어가겠다고 다짐한다. 최소한 다시 엄마가 나를 의심하더라도 아픔이 남지 않도록 억울함보다 이해를 먼저 택하는 사람이 되겠다고 말이다.

현대 사회는 빠른 판단과 즉각적인 답을 요구한다. 그러나 진짜 문제해결은 속도가 아니다. 상대의 마음을 듣고 이해하고 함께 울고 웃을 때 신뢰가 세워지고 문제가 풀려간다. 진정한 문제해결은 사람의 마음을 듣고 공감하는 데서부터 시작된다. 경청은 마음을 이어주고 신뢰를 쌓아주며 우리 자신을 더 성숙하게 성장시킨다. 그리고 그 길 끝에는 언제나 따뜻한 관계 그리고 후회 없는 삶이 기다리고 있다.

03

팀워크 강화

　　좋은 하모니가 무대에서 울려 퍼지려면 두 가지가 중요하다. '서로의 소리를 듣는 것'과 '존중하는 것'이다. 각자의 목소리가 저마다의 개성을 지니지만 하나로 어우러질 때 완벽한 울림이 만들어지기 때문이다. 팀워크도 마찬가지다. 각자의 역할을 존중하고 조화롭게 협력할 때 균형 잡힌 흐름이 만들어지고 진정한 시너지가 발휘된다. 이렇게 완성된 하모니는 듣는 이의 마음까지 움직이는 깊은 감동을 선사한다.

　　나는 3년째 카네기 합창단원으로 활동하고 있다. 한 곡을 완성하기 위해서는 몇 달 동안 꾸준히 연습해야 한다. 연습 시간마다 가장 자주 듣는 말이 있다.

"자신의 목소리를 내면서도 다른 파트의 소리를 들어야 한다."
"지휘자를 계속 봐야 한다."

이 두 가지가 합창팀의 전체적인 균형을 맞추기 위한 중요한 원칙이다. 지휘자는 반주와 노래가 자연스럽게 어우러질 수 있도록 방향을 제시하고, 모든 파트가 하나의 조화로운 소리로 완성될 수 있게 이끌어 준다. 합창에서는 자신의 소리에만 집중하지 않고 서로의 소리를 끝까지 들으려는 태도와 협력이 무엇보다 중요하다.

합창의 핵심은 각자의 역할을 존중하며 지휘자가 만들어 가는 흐름과 감정 속에서 모든 파트가 자연스레 하나로 모이는 데 있다. 자기 목소리에 신경 쓰면서도 동시에 다른 목소리들이 어떻게 어우러지는지 귀 기울일 때 비로소 아름다운 하모니가 완성된다. 조화와 협력 그리고 서로를 듣는 자세가 합창을 예술로 완성한다.

합창단에서 경험하는 것은, 실력만이 아닌 각자의 열정과 집중이 모였을 때 진정한 하모니가 만들어진다는 점이다. 박치나 음치, 경험이 부족한 단원도 함께하며 성장하는 모습은 협력의 가장 아름다운 모습이다. 이처럼 개인의 차이를 인정하고 함께 발전하려는 마음가짐이 모일 때 팀 전체의 힘은 배가된다. 조직에서도 팀원들이 자신의 의견을 자유롭게 표현하고 상대방의 말을 끝까지 들어준다면 시너지 효과가 자연스레 발생한다. 중요한 순간에는 즉시 평가하거나 말을 끊기보다 끝까지 듣고 이해하려는 태도가 필요하다. 이를 바탕으로 질문을 던져 생각의 깊이를 더하는 것도 좋은 방법이다.

좋은 팀워크는 아름다운 합창에 못지않게 조직의 힘을 더한다. 여러 사람이 한 방향을 바라보고 힘을 모을 때 그 에너지는 더욱 크고 강력하다. 팀원 각각의 개성과 장점을 인정하며 배려하는 문화가 형성될 때 팀은 더 창의적이고 탄탄한 기반 위에 세워진다. 함께 고민하고 소통하는 시간을 거치면서 서로에 대한 이해가 깊어지고 목표 의식 또한 견고해진다. 이렇게 존중과 배려 속에서 자란 팀은 실질적인 성과뿐 아니라 정서적 유대도 강화하여 지속 가능한 협력을 가능케 한다.

오래전, 직장 내 워크숍에서 래프팅 활동을 했다. 처음에는 모두가 자기 방식대로 힘을 쓰느라 보트가 잘 움직이지 않았다. 누군가는 열심히 노를 저었지만 방향은 엇갈리고, 또 다른 사람은 자기 페이스대로만 움직였다. 보트를 들어 올리고 물살을 이겨 내려면 각자의 힘이 아니라 서로의 타이밍과 호흡이 맞아야 한다. 우리는 전략을 바꿨다. 한 사람이 방향을 제시하고 다른 한 사람이 구령을 붙이자, 모두가 그 소리에 맞춰 힘을 모았다. 놀랍게도 무거웠던 보트가 한 방향으로 움직였다. 협력은 힘을 합친다고 되는 것이 아니다. 경청과 조율이 있을 때 진짜 힘이 생긴다. 그리고 그 조율의 시작은 서로를 존중하고 끝까지 들어주는 태도에서 강화된다. 이것이 팀워크의 본질이다.

팀워크는 서로의 장점과 개성을 인정하면서 필요한 때에는 분명한 방향성을 제시하고 한마음으로 움직이는 것이다. 합창단에서 지휘자의 손끝이 곡 전체의 흐름을 잡듯 조직에서도 누군가의 경청과 조율이 팀을 올바른 방향으로 이끈다. 이 과정에서 우리는 어떤 소리를 듣고 어떻게 반응하며 어떤 하모니를 만들어 갈 것인지를 끊임없이 고민한다.

함께하는 힘은 혼자 힘보다 오래 지속된다. 훌륭한 팀워크는 서로에 대한 이해와 존중을 기반으로 한 성장의 과정이다. 각자의 다른 목소리가 진심 어린 경청 속에서 조화롭게 어우러질 때, 팀은 단순한 집단을 넘어 강력한 하모니가 된다. 그리고 그 안에서 개인과 팀 모두가 함께 성장하는 발판을 마련할 수 있다.

04
의사소통 능력 향상

　　'소통'이라 하면 보통 말을 잘하고, 생각을 명확하게 전달하는 능력을 떠올린다. 하지만 진정한 의사소통은 말을 주고받는 데 있지 않다. 때로는 말보다 더 큰 울림과 관계의 변화를 이끄는 힘이 '침묵'에 숨어 있다. 침묵은 표정, 몸짓, 눈빛 같은 비언어적 요소들이 말로 채울 수 없는 소통의 빈틈을 메운다. 침묵은 특히 그 어떤 단어보다도 강렬하게 상대의 감정과 상황을 전한다. 무엇이든 덧붙이지 않고, 잠시 멈추어 바라보고, 그 고요를 받아들이는 순간 더 깊은 소통의 지점에 닿게 된다.

　　최근 소통 전문가 김창옥 강사의 강연을 우연히 듣게 됐다. 항상 밝고 유쾌한 강의로 많은 이들에게 에너지를 전했던 그도 우울증으로 힘든 시간을 견뎠다고 고백했다. 정신과 치료를 받아도 채워지지 않던 공허함으로 고통의 시간을 보내던 어느 날, 신부님께서 '말을 많이 했으니 이제 침묵을 배우라'는 조언을 듣고 프랑스의 수도원에서 '대 침묵'의 시간을 보냈다고 한다. 익숙하지 않은 프랑스어와 말 없는 긴 시간에 처음엔 오히려 머릿속이 더 시끄러웠고 실패와 후회, 상처가 밀려왔으나 고요 속에서 점차 마음의 소리가 들려왔다고 한다.

"여기까지 참 잘 왔다."

그가 비로소 자기 인정이라는 깨달음을 가진 시간이었다.

나는 이 강연을 통해 침묵의 힘을 새롭게 깨달았다. 침묵을 통해 나를 위로하고 마음속 복잡한 감정들을 차분히 바라보며 삶의 균형을 되찾는 기회가 되었다. 하루를 마무리할 즈음 소란스러웠던 감정과 오늘 겪은 일들을 조용히 떠올려 보면서 나 자신에게 격려와 위로를 전할 수 있었다. 침묵 속에서 내면의 진짜 소리를 발견하고 세상을 바라보는 새로운 눈을 갖게 되었다.

침묵은 상대에게 말할 공간을 선물한다. 말을 멈추고 기다릴 때 자신의 감정을 더욱 자유롭게 표현할 수 있다. 때로 침묵이 어색하거나 답답하게 느껴지기도 한다. 하지만 그 어색함조차 서로를 더 가깝게 만들고 관계를 한 단계 성숙하게 만든다. 대화에서 침묵을 두려워하지 않고 자연스럽게 받아들일 때 진정한 소통이 시작된다. 침묵은 존중과 신뢰의 또 다른 이름이며 마음을 이어주는 보이지 않는 연결 고리다.

요즘 나는 대화의 빈틈 말하지 않은 표정과 눈빛 문장 끝에 숨어 있는 작은 망설임을 더 세심하게 느끼려 한다. 침묵의 순간에 들리는 마음의 소리는 평범한 말보다 진하게 다가온다. 내성적이거나 소극적인 사람이라도 침묵을 통해 상대를 존중하고 진심을 읽어 낼 수 있다. 작은 몸짓 미세한 표정에도 귀를 기울여 보면 고요한 곳에 마음이 흘러가는 길이 있다.

삶에서 침묵은 실수나 후회에 집착하기보다 자신의 노력과 성장의 흔적을 스스로 인정하는 시간이다. 자신을 채근하기보다 위로하고 다독이는 것, 그것이 진정한 내면의 힘을 키우는 방법이다. 감정을 길게 말로 설명하지 않고 침묵 속에서 평온을 배우는 시간이다. 그때 비로소 자신과 온전히 만난다. 그리고 그 만남에서 시작된 이해는 타인을 있는 그대로 받아들이는 힘으로 커진다.

침묵을 선택하고 듣는 시간을 갖는 것은 누군가는 침묵을 어색함이나 소통의 장애로 여길지 모른다. 그러나 침묵의 빈자리가 쌓일수록 대화의 여백에 진심이 남고 서로의 마음은 천천히 닮아간다. 침묵의 순간을 받아들이고 어색함이 지나면 더 성숙하고 진실한 관계를 만날 수 있다.

침묵은 부족함이 아니라 자신을 받아들이고 타인을 존중하며 감정을 성장시키는 시작이다. 말없이 흘러가는 고요한 시간에 귀를 기울이면 더 깊은 이해와 다정한 여유가 깃드는 것을 느낄 수 있다. 침묵을 삶에 받아들일 때 마음은 넓어지고 의사소통 능력은 한층 깊어진다. 오늘 하루 자신에게 조용한 침묵의 순간을 의도적으로 선물해 보자. 그 시간 속에서 스스로와 만나고 타인의 마음을 더 따뜻하게 품게 된다. 고요 속에 머무는 깨달음이 삶의 변화와 내일의 성장을 이끌어 줄 것이다.

05
자기성찰과 성장

　　　　　소통은 생각을 공유하는 행위에 그치지 않는다. 서로의 마음을 이해하고 신뢰를 쌓아가는 과정이다. 그 중심에는 '질문'이라는 특별한 도구가 있다. 소크라테스는 "질문은 상대방을 세우고 나를 낮추며 열린 마음을 갖게 하는 최고의 도구다"라고 했다. 나 역시 삶의 벽 앞에서 질문을 통해 한 걸음씩 도전하고, 경청을 통해 마음을 열고 이어가며 신뢰의 길을 걷고 있다.

　살아가면서 보이지 않는 벽에 부딪히곤 한다. 그 벽은 외부에 있는 장애물이 아니고, 바로 마음속에 자리한 두려움이나 불안 또는 과거의 상처일 때가 많다. 나 또한 그러한 벽을 마주해 본 적이 있다. 높은 벽 앞에서 숨이 막히고 머물러버린 나날들이 있었다. 그런 순간 '포기'라는 단어가 찾아와 마음 한구석에 자리했다.

　어느 날 벽을 넘는 방법은 바로 그 벽을 인식하는 데서 시작한다는 생각이 들었다. 내가 만들어 낸 마음속 장애물, 그 벽을 깨뜨리기 위해 가장 먼저 한 일은 '질문'을 던지는 것이었다.

　'지금 문제가 뭘까?, 나를 붙드는 것은 무엇일까?'

　처음엔 도무지 답이 떠오르지 않았다. 문제를 직면하는 게 낯설었기 때문이다. 하지만 질문을 거듭하며 내 마음 안에 숨어 있던 진짜 감정은 두려움이라는 답을 찾게 되었다. 질문은 나 자신과의 대화를 시작하게 하고 내면의 벽을 허물게 했다. 질문 덕분에 더 깊은 소리를 들을 수 있었고 그 소리는 앞으로 나아갈 용기를 주었다.

　질문과 경청은 단순히 정보를 얻는 행위가 아니다. 그것은 상대의 내면을 이해하고 그 사람과 진정으로 연결되는 통로가 된다. 상대의 생각과 감정에 귀 기울이고 그 이야기 속으로 깊이 들어갈 때, 비로소 진정한 이해가 생겨난다. 소크라테스는 질문을 통해 상대를 일방적으로 깨우치려 한 것이 아니라, 그를 존중하는 대화의 토대를 놓았다. 질문은 그렇게 우리를 상대의 세계로 이끈다. 그리고 경청은 그 세계 안으로 조용히 들어서며 신뢰를 쌓아간다.

경청의 효과는 신뢰와 성장에서 빛을 발한다. 질문을 통해 상대가 마음을 열면 경청을 통해 그 마음을 받아들일 자세가 갖춰진다. 경청은 침묵이나 맞장구가 아니라 상대가 내뱉는 말 너머의 두려움, 기대, 소망을 느끼고 함께 호흡하는 것이다. 이런 과정은 신뢰의 기반이 되고 소통의 품격을 높인다.

질문을 던지고 진심으로 경청하려 애쓸 때마다 우리는 관계 속에서 성장을 경험한다. 마음의 벽을 넘어 새로운 길을 찾아가고 타인과의 소통 속에서 신뢰를 쌓아간다.때로는 수많은 정보보다 한 번의 질문이, 오랜 침묵보다 단 한 번의 경청이 삶의 방향을 바꿀 수 있다.

질문은 내면의 벽을 허무는 도구이고, 경청은 그 열린 문을 통해 진심을 주고받는 태도다. 자기 자신에게 솔직하게 질문을 던지고 그 대답에 귀 기울일 때 마음의 깊이가 넓어진다. 상대에게 구체적으로 질문하고 경청하는 과정을 반복할 때 신뢰가 쌓인다. 소크라테스의 질문처럼, 우리는 삶의 목표와 바람에 직면할 수 있는 용기와 지혜를 품게 된다.

질문과 경청은 더 따뜻한 세상, 더 단단한 자신을 만나는 길이
다. 질문 하나로 상대와 나의 마음속 벽을 두드리며, 성찰과 성장
을 경험하는 시간을 만들어 갈 수 있기를 바란다.

06
리더십 강화

"당신은 진짜로 듣고 있습니까?"

많은 리더에게 물었다. 그들은 이렇게 대답했다.

"저는 직원들의 이야기를 잘 듣습니다."

그러나 이상하게도 조직은 점점 침묵한다. 문제는 '듣지 않아서'가 아니라, '듣고 있다고 착각하기' 때문이다.

한 기업의 CEO가 있었다. 그는 회의 때마다 "여러분의 의견을 듣고 싶습니다"라고 말했다. 그러나 시간이 지날수록 직원들은 침묵했다. 질문은 던졌지만 진짜 대답은 듣지 못했다. 그러던 어느 날 한 직원이 퇴사하며 남긴 말이 그의 마음을 흔들었다.

"우리는 대표님이 원하는 대답을 했을 뿐이에요. 듣고 싶은 말만 듣고 불편한 말에는 반응이 없었잖아요."

그제야 그는 깨달았다. 경청은 귀로만 하는 것이 아니라 마음으로 해야 한다는 것을.

리더십 전문가 에리카 다완은 말했다.

"주의 깊게 읽는 것이 디지털 시대의 경청이다. 명확하게 쓰는 것이 디지털 시대의 공감이다."

오늘날의 경청은 더 복잡해졌다. 우리는 말보다 글로 더 많은 대화를 나눈다. SNS, 이메일, 메신저 속 짧은 문장 뒤에는 감정과 의도가 숨어 있다. 예를 들어 한 직원이 "네. 알겠습니다."라고 보냈다고 하자. 이 말이 진심일 수도 있지만, '어쩔 수 없이 따른다'라는 냉소일 수도 있다. 리더라면 문장 너머의 마음을 읽어내야 한다.

실리콘밸리의 한 스타트업 CEO도 비슷한 경험을 했다. 그는 빠른 결정을 위해 슬랙(Slack) 메신저로만 소통했다.

"이거 해라."
"다음 주까지 끝내라."

그는 이 방법이 효율적이라 믿었지만, 직원들은 점점 지쳐갔다. 그러던 어느 날, 한 직원이 남긴 짧은 메시지가 그의 생각을 바꿨다.

"우리는 기계가 아닙니다."

그 순간 그는 알았다. 효율성이 전부가 아니라는 것을. 그날 이후 그는 명령 대신 이유를 설명하고, 의견을 물었다.

"이 작업이 중요한 이유는 이렇습니다. 당신의 생각도 듣고 싶어요."

그러자 직원들의 표정이 달라졌다. 팀원들은 자발적으로 의견을 내고 성과도 자연스럽게 높아졌다. 조직을 움직이는 힘은 명령이 아니라 공감하는 리더십에서 나온다.

특히 디지털 커뮤니케이션에서는 더욱 신중해야 한다. 짧은 문장 하나가 독촉처럼 느껴질 수도 있다. 리더는 항상 자문해야 한다. "이 문장이 상대에게 어떻게 읽힐까?" 이런 고민이 불필요한 갈등을 막고, 신뢰를 쌓는다.

같은 뜻이라도 표현 방식에 따라 상대의 마음은 달라진다. 직장 내 단톡방은 빠르고 편한 도구다. 하지만 가장 조심스러운 소통 공간이기도 하다. 회의나 업무 중에 실수를 지적할 때 "이거 왜 이렇게 했어요?" 대신 "이 부분을 이렇게 하면 더 나아질 것 같아요. 어떻게 생각하세요?"라고 묻는다면 더 열린 대화를 만들 수 있다. 말의 무게를 헤아리며 마음을 배려할 때 관계와 신뢰가 함께 쌓인다.

현명한 리더는 자신의 의견을 가장 마지막에 말한다. 먼저 팀원들의 생각을 충분히 듣고 그 안에서 핵심을 찾는다. 리더가 먼저 말하면 사람들은 그 의견에 끌려가기 쉽지만, 먼저 듣고 나중에 말하면 구성원들은 자유롭게 자신의 목소리를 낸다. 침묵이 흐를 때도 리더는 조급해하지 않는다. 그 침묵은 생각이 익어가는 시간이기 때문이다. 잠시 기다려 주는 여유가 더 깊은 대화를 이끌어 낸다.

이처럼 경청은 단순히 듣는 것을 넘어, 감정을 읽고 필요한 질문을 던지며 그 속에서 의미를 찾아 응답하는 과정이다. 진정한 리더는 자신에게 묻는다.

"나는 지금 진짜로 듣고 있는가?"

그 질문을 자신에게 던질 수 있다면, 그는 이미 존중과 신뢰 위에 선 리더다.

07
동기부여

"언젠가는 한 번쯤 배워보고 싶어."
"해보고 싶어."

우리는 이런 말을 종종 한다. 가볍게 스쳐 지나가듯. 진지한 계획이라기보다는 막연한 동경에 가까운 말이다. 대부분은 그냥 흘려보낸다. 하지만 누군가 그 말을 진짜로 듣고 있다면 어떨까?

"그럼, 한번 해볼래?"

그 한마디가 동기부여가 된다. 도전할 힘과 응원이 된다. 경청은 상대의 작은 관심과 숨겨진 열망, 아직 피어나지 못한 작은 바람을 알아차리는 것이다. 그리고 그것에 날개를 달아주는 것이다.

나는 30대 초반, 와인에 대한 막연한 동경을 품고 있었다. 와인의 매력과 향, 매너, 그리고 와인의 전통 등이 궁금했다. 하지만 어디서부터 시작해야 할지 몰라 가끔 와인 이야기할 때면 눈이 반짝였을 뿐이었다. 그런데 친한 지인 언니가 나의 관심과 동경을 알아봐 주었다.

어느 날, 그녀가 나를 와인 시음회에 초대했다.

"네가 와인에 관심 있다고 했잖아. 한번 가볼래?"

가벼운 초대였지만 그날을 잊을 수가 없다. 코스 요리에 맞춰 준비된 와인 잔이 우아하게 세팅되어 있었고 화이트 와인부터 레드 와인까지 총 다섯 가지의 와인이 각기 다른 요리와 함께 준비되어 있었다.
소믈리에가 첫 번째 와인을 따르며 설명하기 시작했다.

"이 와인은 프랑스 부르고뉴 지역에서 생산된 샤르도네입니다. 서늘한 기후와 석회질 토양이 만들어 낸 미네랄 풍미가 특징이죠."

잔을 들어 올리자, 황금빛 액체가 빛을 머금고 반짝였다. 코를 가까이 대자 사과와 꽃향기, 그리고 살짝 고소한 오크 향이 퍼져 나왔다. 한 모금 입에 머금자, 신선한 산미와 부드러운 질감이 혀 위에서 춤을 췄다.

"와!"

나도 모르게 감탄이 나왔다. 설명을 듣고 음미하니 이건 그냥 평소 마시던 와인이 아니었다. 한 잔의 와인 안에 그 지역의 햇살 과 바람, 토양과 시간이 모두 담겨 있었다.

시음회는 계속되었다. 와인마다 그에 어울리는 요리가 함께 나왔고, 소믈리에는 왜 이 조합이 완벽한지 설명해 주었다. 그날 와인은 술이 아니라 스토리였다.

언니는 호기심에 가득한 나의 눈빛과 와인에 관한 관심을 놓치지 않았다. 몇 주 후 또 다른 시음회에 초대했다.

"네가 이렇게 좋아할 줄 몰랐어. 진짜 한번 제대로 배워보는 게 어때?"

마침내 정식으로 와인 공부를 시작했다.

수업은 기대 이상이었다. 와인의 역사부터 시작해 포도 품종, 재배 환경, 숙성 방법까지 배웠다. 특히 오크통의 역할에 대한 설명이 흥미로웠다. 오크통은 오크나무가 와인에 바닐라와 스파이스 향을 더해주고, 미세한 산소 접촉을 통해 와인을 부드럽게 만들어 준다. 프랑스산 오크는 섬세하고 우아한 향을, 미국산 오크는 더 강하고 달콤한 향을 준다.

포도 품종에 따른 특징도 배웠다. 샤르도네는 변신의 귀재라 불리며 재배 지역과 양조 방법에 따라 전혀 다른 맛을 낸다. 피노 누아는 섬세하고 우아하지만, 재배가 까다롭다. 카베르네 소비뇽은 힘이 세고 오래 숙성할 수 있다.

날씨와 환경이 와인에 미치는 영향도 놀라웠다. 같은 품종이라도 기후가 서늘한 곳에서는 산미가 강하고 가벼운 와인이 생산되고, 따뜻한 곳에서는 당도가 높고 무거운 와인이 만들어진다. 토양의 종류도 중요했다. 석회질 토양은 미네랄 풍미를, 점토질 토양은 더 풍부하고 진한 맛을 만들어 냈다.

긴 여운일수록 좋은 와인이라는 말이 있다. 지금은 좌빵우물과 카르페디엠만 기억에 남지만, 그때는 마치 와인 테이스터가 되어 나만의 맛과 향을 즐겼다. 와인은 과거와 현재, 그리고 미래를 연결한다. 그래서 와인을 마실 때는 천천히 그 순간에 집중해야 한다. 나는 술을 특별히 좋아하지 않았다. 하지만 와인은 달랐다. 와인의 색에 반하고 향기에 웃고 입술과 혀에 닿은 촉감과 떫은 타닌, 목 넘김의 여유와 잔향을 음미하는 모든 순간이 아름답게 느껴졌다.

돌이켜 생각해 보면, 나의 와인 사랑은 언니의 경청에서 시작되었다. 언니는 내가 와인에 관심이 있다는 말을 그냥 흘려듣지 않았다. 진지하게 받아들이고, 실제로 경험할 기회를 만들어 주었다. 만약 언니가 "그래, 와인 좋지." 하고 끝냈다면 나는 평생 와인을 막연히 동경만 하다가 끝났을지도 모른다. 하지만 언니는 내 말에 귀 기울여 들었고, 반응했고, 기회를 만들어 주었다. 그것이 나를 움직였다. 이것이 경청의 힘이다. 경청은 상대방의 말을 듣는 것에서 그치지 않는다. 그 말 뒤에 숨은 진짜 마음을 알아차리고 그것을 현실로 만들 수 있도록 돕는 것이다.

우리 주변에는 아직 피어나지 못한 꿈들이 많다. "언젠가 해보고 싶어."라는 말 속에 숨어 있는 진짜 열망은 대부분 그냥 흘러가 버린다. 용기가 없어서일 수도 있고 혹은 시간이 없어서일 수도 있고 아예 방법을 몰라서일 수도 있다. 하지만 누군가 진짜로 그 열망을 들어준다면 상황은 달라진다.

"정말? 그럼 같이 해볼까?"

"이런 기회가 있는데 한번 가볼래?"

"네가 정말 좋아하는 것 같은데 제대로 배워보는 게 어때?"

이런 말 한마디가 한 사람의 인생을 바꿀 수 있다.

나는 와인을 통해 새로운 문화를 만났다. 삶을 대하는 태도와 와인을 통한 매너 그리고 지금, 이 순간에 집중하는 법, 겉모습만 보지 않고 깊이 들여다보는 법, 시간이 만들어 내는 가치를 존중하는 법 등 많은 것들을 배웠다. 그리고 무엇보다 누군가의 작은 관심을 진지하게 들어주는 것이 얼마나 큰 변화를 만들 수 있는지를 알았다.

우리 주변에도 '언젠가 해보고 싶어'라고 말하는 사람이 있다면 그 말을 그냥 흘려 듣지 말고 진짜로 들어주고 작은 기회라도 만들어 주자. 따뜻한 말 한마디 작은 관심 하나가 한 사람의 삶에 새로운 배움과 긍정적 힘이 되어 준다. 경청은 이렇게 사람을 움직이고 막연했던 바람을 현실로 만드는 힘이 있다.

08

감정적 지지

　　　　　　　　같은 재료로 만든 요리도 사람마다 맛이 다르다. 당근, 감자, 양파, 고기로 카레를 만든다고 치자. 똑같은 재료여도 어떤 집 카레는 맛이 깊고 풍부하지만, 어떤 집 카레는 밍밍하다. 차이는 무엇일까? 재료가 아니라 손맛이다. 만드는 사람의 정성이고, 여러 번 만들어 본 이의 경험이다.

　말도 마찬가지다. "수고하셨어요." 같은 말도 누가 하느냐에 따라 완전히 다르게 들린다. 어떤 사람이 말하면 따뜻하게 가슴에 와닿지만, 어떤 사람이 말하면 형식적으로만 느껴진다. 왜 그럴까? 말에도 '맛'이 있기 때문이다. 요리를 잘하는 사람처럼 말을 잘하는 사람도 있다. 그들의 말은 상대방의 마음을 움직이고, 관계를 따뜻하게 만들며, 오래도록 기억에 남는다.

요리를 잘하는 사람은 같은 재료로도 다른 맛을 만들어낸다. 재료의 신선도와 질감을 감각적으로 알아차리고, 고유의 맛과 향을 살린다. 불의 강약을 조절하고 재료의 익힘 정도를 가늠하며, 적절한 조미료로 깊은 맛을 끌어낸다. 오랜 손맛이 더해진 요리는 향으로 군침을 돌게 하고, 식감으로 오감을 자극하며, 정성으로 마음을 움직인다.

말도 그렇다. 같은 표현이라도 상대의 마음을 헤아리는 사람의 말에는 온기가 담긴다. 적절한 순간에 건네는 말, 진심이 실린 목소리, 상대를 배려하는 표현 하나하나가 관계에 깊은 맛을 더한다. 완성된 요리가 마음이고 사랑이며 정성이듯, 잘 건네진 말 한마디도 그렇다. 요리의 감동과 따뜻함은 말과 많이 닮았다.

나에게는 엄마 같은 언니가 있다.

"막내야, 찰밥 했다. 와서 밥 먹고 가라."
"막내야, 파김치 맛있게 익었다. 와서 밥 먹고 가라."
"막내야, 너 좋아하는 팥죽 끓였다. 와서 먹고 가라."

언니의 부름에는 언제나 온기가 묻어 있다.

언니는 요리도 뚝딱뚝딱 맛깔스럽게 잘하는 만큼 말도 누룽지처럼 고소하고 정겹다. 언니 집에는 항상 먹을 것이 준비되어 있다. 예고 없이 찾아가도 10분 만에 식탁이 가득해진다. 빠른 손놀림과 축적된 요리 노하우가 언니를 더 빛나게 하는 순간들이다. 하지만 언니가 정말 특별한 이유는 요리 실력 때문만이 아니다. 언니의 말은 요리 솜씨만큼이나 상대방을 기분 좋게 만든다.

언니는 요리에도 말에도 기교를 부리지 않는다. 언니의 언어는 꾸밈없는 날것이다. 순수하고 포근하고 따뜻하다. 늘 내 편이라는 확신을 들게 하고 소중함을 느끼게 한다. 인정받고 있고 존중받고 있음을 깨닫게 하는 언니의 말이 참 좋다. 항상 기분 좋게 만드는 언니와의 대화는 편안하고 힐링이 된다. 언니의 웃음소리는 통쾌하며 옆에 있는 사람까지도 같이 소리 높여 웃게 만든다. 긍정적 언어와 표정 그리고 웃음은 언니만의 색깔이다. 요리만큼이나 말도 예쁘게 잘하는 언니는 닮고 싶은 인생 선배다.

말을 잘하는 사람이 있고, 그렇지 못한 사람이 있다. 같은 의미지만 누가 어떻게 전달하느냐에 따라 느낌이 매우 다르다. 누구의 말은 맛깔스럽고 누구의 말은 담백하고 누구의 말은 달콤하며 누구의 말은 쓰다. 같은 말인데 왜 이렇게 다르게 느껴질까?

말은 언어를 구사하는 것이 아니다. 요리가 단순히 재료를 섞는 것이 아닌 것처럼 말도 여러 요소가 어우러져야 제대로 된 '맛'이 난다.

그러기 위해서는 상황을 이해하는 능력이 필요하다. 요리할 때 불의 세기를 조절하듯 말할 때도 상황에 맞는 톤과 속도를 조절해야 한다. 위로가 필요한 사람에게 조언하거나 축하받고 싶은 사람에게 충고하면 아무리 좋은 말도 쓴맛이 된다.

또한, 상대방과 소통하는 능력이 필요하다. 요리사는 먹는 사람을 생각하며 요리를 만든다.

"이 사람은 매운 걸 좋아하나?"
"이 사람은 짜게 먹나?"

말도 마찬가지다. 상대방이 어떤 말을 듣고 싶어 하는지 어떤 표현을 편하게 받아들이는지 알아야 한다. 그리고 간결하게 이야기할 줄 알아야 한다. 요리에서 가장 어려운 것이 '적당함'이다. 조미료를 너무 많이 넣으면 재료 본연의 맛이 사라진다. 말도 마찬가지다. 복잡한 내용을 단순하고 간결하게 이야기할 줄 알아야 한다. 장황한 설명보다 핵심을 담은 한 문장이 더 깊이 박힌다.

마지막으로 경청해야 한다. 좋은 요리사는 먹는 사람의 반응을 살핀다. 좋은 말을 하는 사람도 마찬가지다. 상대방의 말에 귀 기울이며 공감하고 경청함으로써 말의 맛을 느낄 수 있어야 한다.

듣지 않고 하는 말은 일방적인 재료 나열에 불과하다. 하지만 경청하며 하는 말은 상대방의 마음을 헤아린 정성 어린 요리가 된다. 요리도 진심이 담기면 맛있다. 대충 만든 음식과 정성껏 만든 음식은 맛이 다르다. 말도 마찬가지다. 진심이 담긴 말과 형식적인 말은 무게가 다르다. 우리는 말의 맛을 느낄 수도 있고 상대방에게 말의 맛을 느끼게도 할 수 있다.

경청 없이 하는 말은 재료만 늘어놓은 것과 같다. 당근, 감자, 양파를 그냥 접시에 올려놓으면 그게 요리인가? 아니다. 재료를 적절히 손질하고 불에 익히고 양념을 추가해야 요리가 된다. 말도 마찬가지다. 경청을 통해 상대방을 이해하고 상황에 맞게 표현을 선택하고 진심을 담아 전달할 때 비로소 '맛있는 말'이 된다.

이왕이면 맛있는 말을 들려주는 최고의 명품 요리사, 품격 있고 매너 있는 언어계의 미슐랭이 되길 바란다. 미슐랭 레스토랑의 요리사는 하루아침에 만들어지지 않는다. 수없이 많은 연습과 실패 그리고 끊임없는 노력 끝에 탄생한다. 말도 마찬가지다. 처음부터 말을 잘하는 사람은 없다. 하지만 연습할 수 있다. 상대방의 말에 귀 기울이고 상황을 헤아리고 진심을 담아 말하는 연습을 계속하다 보면 어느새 당신의 말도 사람들의 마음을 따뜻하게 만들 것이다.

내일은 오늘보다 더 맛있는 말을 건네보자. 상대방의 이야기를 먼저 듣고 그 마음을 헤아리고 정성을 담아 말해보자. 당신의 말이 누군가에게 따뜻한 한 끼 식사처럼 위로가 되고 힘이 되고 기억에 남는 순간이 될 수 있다. 경청은 말의 가장 중요한 재료다. 그리고 그 재료로 누군가의 마음을 요리할 수 있다.

09
의사결정 능력 향상

"이게 맞을까?"

중요한 선택 앞에서 우리는 자주 이렇게 묻는다. 그리고 혼자 골똘히 생각한다. 장단점을 나열하고 최선의 답을 찾으려 애쓴다. 마치 정답이 내 머릿속 어딘가에 숨어 있기라도 한 것처럼. 하지만 경험상 가장 좋은 결정은 혼자 내린 결정이 아니었다. 누군가의 조언을 듣고 나서 다른 관점을 알게 된 후 예상치 못한 질문을 받았을 때 비로소 "아, 이거구나"라고 깨닫는다.

나 역시 그랬다. 중요한 선택 앞에서 혼자 고민만 하다가 주변 사람들의 이야기를 듣고 나서야 답을 찾았던 경험이 많다. 그들은 내가 보지 못한 부분을 봤고, 내가 생각하지 못한 질문을 던졌으며, 내가 간과한 위험을 지적해 주었다. 결정은 혼자 하는 것이 아니다. 듣고 물어보고 함께 고민하며 만들어 가는 것이다.

지능이나 경험도 중요하지만, 더 중요한 건 '얼마나 잘 듣느냐'다. 잘 듣는 사람이 더 좋은 결정을 내린다. 드라마 〈미생〉의 장그래를 보면 공감이 간다. 신입사원인 그는 중요한 계약을 앞두고 거래처가 새로운 조건을 제시했을 때 혼자서는 답을 찾을 수 없었다. '받아들이면 회사에 손해가 생긴다. 거절하면 거래가 깨진다. 어떻게 해야 하지?' 혼자 고민해 봐야 제자리를 맴돌 뿐이었다. 그래서 장그래는 선배들에게 물었고 거래처 담당자의 반응을 살폈으며 팀원들과 논의했다. 그 과정에서 미처 생각하지 못한 변수들을 발견했고, 결국 합리적인 절충안을 찾아냈다. 좋은 결정은 좋은 정보에서 나온다. 그리고 좋은 정보는 경청을 통해 얻어진다.

질문은 생각의 틈새를 열어 준다. 자신에게 그리고 팀에 질문을 던지면 미처 보지 못했던 각도에서 문제를 볼 수 있게 된다. 다양한 이야기를 듣다 보면 예상치 못한 해결책이 보이고, 다른 사람의 경험과 관점이 내 생각을 확장해 준다.

감정이 격해졌을 때는 의사결정의 가장 위험한 순간이다. 화가 난 상태에서, 실망한 마음으로, 조급한 기분에 내린 결정은 대부분 후회로 이어진다. 세네카가 말했듯 "분노 속에서 내린 결정은 후회로 돌아온다."

나도 그런 경험이 있다. 감정이 앞서서 급하게 결정을 내렸다가 나중에 후회한 적이 많다. '그때 하루만 더 생각했더라면', '왜 그렇게 급하게 결론을 냈을까?' 매번 아쉬워했다. 중요한 결정을 앞두고 있다면 즉각 반응하지 말고, 한 걸음 물러서서 생각하는 연습이 필요하다. 그리고 그 시간 동안 다른 사람의 의견을 듣는 것이다.

감정은 판단을 흐리게 만든다. 하지만 경청은 그 감정에서 거리를 두게 한다. 다른 사람의 목소리를 들으면 내 감정만으로 세상을 보지 않게 되고 좀 더 객관적으로 상황을 볼 수 있다.

좋은 결정을 내려도 실행되지 않으면 소용없다. 결정을 현실로 만들려면 사람들이 공감하고 동의해야 한다. 일방적으로 내려진 결정은 저항을 만들지만, 함께 만들어진 결정은 협력을 만든다. "우리가 함께 정한 거니까", "내 의견도 반영됐으니까"라며 적극적으로 움직인다.

사람을 움직이려면 먼저 그들의 말을 들어야 한다. 자기 생각을 강요하지 않고 각자의 이야기를 들으며 방향을 정할 때, 사람들은 '우리 모두 함께 내린 결정'이라는 책임감을 갖고 움직인다. 사람들은 자신의 목소리가 반영되었다고 느낄 때 훨씬 적극적으로 행동한다.

의사결정 능력은 타고나는 것이 아니다. 경청하고, 경험하고, 배우면서 길러진다. 몇 가지 습관을 들이면 도움이 된다.

다른 의견을 열린 태도로 듣자. 내 생각과 다르다고 해서 틀렸다고 판단하지 말아야 한다. 다른 관점이 오히려 나를 보완해줄 수 있다. 충동적으로 판단하지 말고, 중요한 결정일수록 하루 이상 고민하자. 급하게 내린 결정은 대부분 후회로 이어진다. 시간이 감정을 걸러주고 생각을 정리해 준다. 그리고 실패한 결정에서 배워야 한다. 왜 실패했는지를 분석하고 그 경험을 쌓자. 실패를 두려워하지 말고, 실패에서 배우지 않는 것을 두려워해야 한다.

좋은 결정은 항상 좋은 경청에서 시작된다. 우리는 매일 크고 작은 결정을 내리며 살아간다. 그리고 잘 듣는 사람은 더 많은 정보를 얻고, 감정을 조절하며, 사람들을 움직이게 만들고, 더 나은 선택을 한다.

혼자서는 한계가 있다. 아무리 똑똑해도 경험이 많아도, 혼자 보는 세상은 좁다. 다른 사람의 이야기를 들으면 세상이 넓어진다. 내가 서 있지 않은 곳에서 본 풍경을, 내가 걷지 않은 길의 경험을, 내가 겪지 않은 실패의 교훈을 들어야 한다. 혼자 고민하지 말고 질문하고 듣고 함께 생각하자. 다양한 목소리를 들을 때 우리는 더 넓게 보고, 더 깊이 생각하고, 더 현명하게 결정할 수 있다. 경청은 마음의 문을 여는 힘이자 더 나은 미래를 선택하는 힘이다.

10
효율성 증대

우리는 온종일 누군가의 말을 듣는다. 상사의 지시, 가족의 부탁, 친구의 고민. 그런데 정작 가장 중요한 목소리를 듣지 못할 때가 많다. 바로 내 몸의 소리다.

"지금 너무 피곤해."
"조금만 쉬고 싶어."
"움직이고 싶어."

우리 몸은 매 순간 신호를 보낸다. 하지만 우리는 그 신호를 무시한다. 바쁘다는 핑계로, 귀찮다는 이유로, 나중에 하면 된다는 생각으로.

경청은 타인의 말을 듣는 것만이 아니다. 나 자신의 소리를 듣는 것도 경청이다. 내 몸이 보내는 신호를 알아차리고 그에 응답하는 것, 그것이 진짜 자기 성장의 시작이다. 나는 러닝을 통해 이것을 배웠다.

부안 해변 마라톤 대회 10km를 같이 뛰자는 제안이 들어왔다. 가슴이 두근거렸다. 동시에 걱정도 밀려왔다.

'10km를? 내가? 중간에 포기하면 어쩌지?'

마음 한편에서는 다른 목소리가 들려왔다. '해보고 싶어. 할 수 있을 것 같아.' 그래서 신청했다. 인생 처음으로 10km 마라톤 대회에 나가는 것이다.

체력 단련과 연습이 필요했다. 아침 일찍 일어나 5km를 먼저 뛰었다. 남편은 내 페이스에 맞춰 옆에서 뛰어주었다. 앞서가지 않고 재촉하지 않았다. 한 발 뒤에서 함께 뛰어주며, 생각보다 잘하고 있다고 격려해 주었다.

경청은 이런 것이다. 상대방의 상태를 살피고, 페이스를 맞춰주고, 필요한 말을 건네는 것. 남편은 나의 몸 상태와 호흡, 표정을 '들었다'. 그리고 그에 맞춰 반응해 주었다. 덕분에 나는 포기하지 않고 연습을 이어갈 수 있었다.

그렇게 뛰다 보니 신기한 일이 생겼다. 러닝이 좋아졌다. 처음에는 힘들기만 했다. 숨이 차고 다리가 아파 그만두고 싶었다. 하지만 계속 뛰다 보니 내 몸이 변하기 시작했다. 호흡이 편해지면서 더 오래 뛸 수 있게 되었다.

무엇보다 달리는 동안 나를 만날 수 있었다. 새벽 공기를 가르며 달릴 때 온전히 나 자신과 함께였다. 거친 숨소리, 규칙적인 발소리, 심장이 뛰는 소리. 내 몸이 살아 있음을 생생하게 느낄 수 있었다. 러닝은 내 몸의 소리를 듣고, 내 한계를 확인하고, 그것을 조금씩 넓혀가는 과정이었다.

자연스럽게 러닝 모임에도 들어갔다. 매일 아침 인증 사진을 올리며 서로 응원했다. 상대방을 주의 깊게 관찰하고, 변화를 알아차리고, 그것을 말로 표현했다. 러닝 모임 사람들은 서로의 몸 상태와 페이스, 마음을 '들었다'. 그리고 그에 맞춰 반응하고 응원하며 함께 성장했다.

드디어 부안 해변 마라톤 대회 날이 다가왔다. 목표는 하나, 한 번도 쉬지 않고 완주하기였다. 출발 신호와 함께 달리기 시작했다. 처음에는 괜찮았다. 하지만 3km를 넘어서자 몸이 무거워졌다. 숨이 가빠 오고 다리가 아프기 시작했다.

'멈추고 싶다.'

그러나 같이 뛰는 러너들이 있었다. 나보다 빠른 사람도, 나보다 느린 사람도 보였다. 모두가 같은 목표를 향해 달리고 있었다. 그 존재만으로도 힘이 났다. 하늘이 평소와 다르게 보였다. 더 푸르고, 더 넓고, 더 아름다웠다. 모든 게 생생하게 느껴졌다.

1시간 16분. 인생 첫 10km 마라톤을 완주한 순간, 성취감은 말로 표현할 수 없었다.

돌이켜 생각해 보면, 이 모든 것은 '듣는 것'에서 시작되었다. '러닝 너무 좋아요', '누구나 할 수 있어요', '같이 해봐요.' 이런 말을 듣고 마음이 움직였고 변화가 시작되었다. 타인의 격려를 듣고 받아들일 때 용기를 얻는다. 함께하는 사람들의 존재를 느끼고 공감할 때 포기하지 않는다.

러닝을 시작한 후 삶이 달라졌다. 먼저 자신감이 생겼다. '나도 할 수 있구나'라는 확신이 다른 영역으로도 확장되었다. 일에서도, 인간관계에서도, 새로운 도전 앞에서도 덜 두려워졌다.

효율성도 높아졌다. 규칙적인 운동은 체력뿐 아니라 집중력도 키워주었다. 아침에 달리고 나면 하루가 더 생산적이었다. 내 몸과 친해졌고, 러닝을 통해 좋은 사람들을 만났다. 무엇보다 나를 더 잘 알게 되었다. 달리는 동안 내 생각과 감정을 들여다볼 수 있었다.

러닝은 단순한 운동이 아니었다. 나 자신과 대화하는 시간이자, 내 몸의 소리를 듣는 연습이고, 함께하는 사람들과 교감하는 경험이었다.

'운동해야 하는데', '뭔가 해보고 싶은데', '변화가 필요한데'라고 속으로 말만 하고 있지 않은가? 바쁘다는 핑계로, 자신이 없다는 이유로 미루고 있지 않은가?

나도 그랬다. 10km 마라톤이라는 말에 '내가 무슨 마라톤을 해'라고 생각했다. 하지만 시작했고 완주했다. 그 과정에서 배웠다. 중요한 건 속도가 아니라 시작이라는 것을, 혼자가 아니라 함께라는 것을, '완벽하게'가 아니라 '꾸준히'라는 것을.

러닝을 시작하는 건 어렵지 않다. 운동화만 있으면 된다. 멀리 갈 필요도 없다. 집 앞 공원, 동네 한 바퀴면 충분하다. 처음에는 5분만 뛰어도 괜찮다. 걷다가 뛰고, 뛰다가 걸어도 된다. 중요한 건 시작하는 것이다. 그리고 내 몸의 소리를 듣는 것이다. '오늘은 좀 힘드네. 천천히 가자', '오늘은 컨디션이 좋네. 조금 더 가볼까?' 이렇게 내 몸과 대화하며 달리다 보면 어느새 변해 있을 것이다. 더 강해지고, 더 자신감 있고, 더 건강해진 당신을 만나게 될 것이다.

가능하다면 함께할 사람을 찾아보라. 가족이든, 친구든, 러닝 모임이든. 함께 뛰면 더 멀리 갈 수 있다. 서로 응원하고 격려하고 경청하며 함께 성장할 수 있다.

경청은 마음의 문을 여는 힘이다. 타인의 말을 듣는 것도 중요하지만, 나 자신의 소리를 듣는 것도 그만큼 중요하다.

11

문화 이해

　　우리는 살면서 다양한 사람들을 만난다. 다른 지역, 다른 세대, 다른 직업, 다른 성격 등 각자가 다른 문화를 가지고 있다. 문화는 국가나 민족의 차이만을 의미하지 않는다. 개인의 성장 배경, 가치관, 표현 방식도 모두 하나의 문화다. 어떤 사람은 속마음을 "괜찮아요."라고 말하지만, 눈빛은 "힘들어요"라고 말한다. 어떤 사람은 크게 웃고 떠들며 감정을 표현한다. 어떤 사람은 직설적으로, 어떤 사람은 에둘러 말한다. 이 모든 차이를 '틀렸다'가 아니라 '다르다'로 받아들이는 것. 그것이 문화를 이해하는 시작이다. 그리고 그 이해는 경청에서 시작된다. 내 기준으로 재단하지 않고, 상대방의 언어를 그대로 듣는 것. 그 안에서 그 사람만의 색깔을 발견하는 것이 문화다.

골프도 마찬가지다. 어떤 사람은 샷을 한 후 조용히 걸어간다. 어떤 사람은 "아이고!" 하며 크게 한숨을 쉰다. 어떤 사람은 버디를 넣고도 담담하고, 어떤 사람은 짧은 퍼팅 하나에도 환호성을 지른다. 동반자를 대하는 방식도 제각각이다. 격식을 차리는 사람, 농담을 건네는 사람, 말없이 배려하는 사람, 이 모든 것이 '골프 문화'다. 자란 환경, 배운 매너, 성격, 가치관이 모두 다르기에 골프를 대하는 방식도 다르다. 말투, 표정, 웃음소리도 모두 그 사람만의 문화다. 골프장에서 함께 라운딩하는 동반자들도 각자의 문화를 가지고 온다.

나는 유독 골프를 좋아한다. 사랑한다고 해도 과언이 아니다. 푸른 잔디 위를 걸을 때 느껴지는 상쾌함, 공을 정확히 맞혔을 때 손끝으로 전해지는 타구감, 작은 공이 하늘과 대지 사이를 시원하게 뻗어나가는 순간의 희열은 다른 어떤 것과도 비교할 수 없다. 그러나 골프가 나에게 특별한 이유는 따로 있다. 동반자들과 함께 자연 속에서 웃고 떠들며 마음을 나누는 교류의 시간이 소중하기 때문이다. 긴 라운딩을 이어가며 오가는 대화 속에서 서로를 더 잘 알게 되고 이해가 깊어지는 순간이 많다. 나에게 골프는 힐링이자 좋은 사람들과 문화를 나누는 교류의 시간이다.

라운딩을 나간 어느 날이었다.

"웃음소리 듣고 알아봤다."

누군가 반갑게 다가와 인사를 건넸다. 치과 환자로 처음 알게
된 분인데 라운딩 자리에서 다시 만나니 더욱 반가웠다. 특유의
경상도 억양이 정겹고 따뜻한 분이다. 그분은 내 웃는 소리가 유
난히 듣기 좋으신가 보다.

"항상 그렇게 웃고 살아라. 보기 좋다. 사람 인연이라는 것이
이렇다."

무심한 듯 아이스크림을 가져다주시는 키다리 아저씨 같은 따
뜻한 분 덕에 입과 마음이 늘 달콤하다.

사람과 사람의 인연을 연결하는 것은 화려한 언변이 아니다.
우리는 각자의 언어를 가지고 있다. 각자의 표현 방식 각자의 리
듬 각자의 색깔을 가지고 살아간다. 서로 다른 언어가 만나려면
존중과 포용이 필요하다. 그것은 경청을 통해 가능하다. 상대방
의 언어를 왜곡하지 않고 그대로 들어주려는 마음은 무채색과도

같다. 무채색은 비어 있음이면서도 어떤 색과도 잘 어울릴 수 있는 열린 마음이다. 흰색은 모든 색을 받아들이고 검은색은 모든 색을 품는다. 회색은 그 사이에서 조화를 만든다. 무채색의 경청은 '내 기준으로는 이래야 해'라는 고집을 내려놓는 것이다. '이 사람은 이렇게 말하는구나!', '저 사람은 저런 방식으로 표현하는구나!'라고 있는 그대로 받아들이는 것이다. 그렇게 무채색으로 시작된 관계는 시간이 흐르면서 더 아름다운 색으로 채워진다. 서로를 이해하고 존중하고 사랑하게 되는 것이다.

우리가 가진 것 중 두 개의 귀와 한 개의 입이 있는 이유는 말하기보다 더 많이 듣기 위함이다. 모든 소리에 내 색을 덧칠하지 않고 있는 그대로 듣는 무채색의 마음으로 다가가야 한다. 그것이 존중이고 포용이고 인연으로 가는 힘이기 때문이다. 웃음소리가 달콤한 아이스크림으로 이어지는 인연으로 지속할 수 있었던 이유는 소리를 긍정적으로 듣는 힘에서 시작되었다. 그 힘은 있는 그대로 받아들여 주는 것이다. 판단하지 않고 존중하는 것. 이것이 무채색 경청의 힘이고 마음의 문을 여는 문화다.

CHAPTER

05

제5장
**경청의
대가들**

01

침묵의 경청, 링컨

　　어린 시절, 에이브러햄 링컨은 통나무집 한구석에 조용히 앉아 있곤 했다. 아버지 토머스 링컨이 이웃들과 이야기를 나누면 소년 링컨의 눈은 반짝이기 시작했다. 타고난 이야기꾼이었던 아버지는 목소리 톤을 자유자재로 바꾸며 밤이 깊도록 사람들을 웃기고 울렸다.

　다른 아이들은 지루해하며 잠들곤 했지만, 링컨은 달랐다. 그는 단 한마디도 놓치지 않으려는 듯 귀를 쫑긋 세웠다. 어른들의 대화 속에 담긴 삶의 지혜, 감정의 흐름, 사람들이 웃는 타이밍까지 모두 관찰했다. 그리고 다음 날이면 친구들을 모아놓고 그 이야기를 자신만의 방식으로 재구성해 들려주었다. 같은 이야기인데도 링컨의 입을 통하면 더 생생하고 재미있어졌다.

경청이 단순한 듣기가 아니라는 것을 그는 어린 나이에 본능적으로 알고 있었다. 이런 환경은 링컨에게 자연스럽게 경청의 습관을 심어주었다. 경청하면 무엇을 얻을 수 있는지 그것이 얼마나 강력한 힘을 발휘하는지 몸으로 체득한 것이다.

세월이 흘러 링컨이 대통령이 되었을 때 미국은 남북전쟁이라는 최악의 위기에 빠져 있었다. 형제가 형제를 죽이는 전쟁으로 나라는 둘로 찢어졌다. 사람들의 마음도 산산조각이 났다.

어느 날 저녁, 링컨은 버지니아의 한 야영지 모닥불 옆에 앉았다. 지친 군인들이 그의 주변에 모여들었다.

"대통령 각하!"

한 젊은 병사가 떨리는 목소리로 말했다.

"제 친구 제임스가 어제 전투에서… 제 눈앞에서….'"

링컨은 그의 말을 끊지 않았다. 병사는 계속 말했다. 죽어가는 친구를 안고 있었던 순간 고향에 두고 온 가족에 대한 걱정과 이 전쟁이 언제 끝날지 모른다는 두려움을 토로했다.

링컨은 그날 밤 거의 말하지 않았다. 고개를 끄덕이며 조용히 들었다. 대통령의 위엄으로서가 아니라 한 사람의 아버지로, 형제로 친구로서 들었다. 병사들은 자신들의 고통을 진정으로 이해하려는 누군가가 있다는 것을 느꼈다. 그날 밤 이후 그 부대의 사기는 눈에 띄게 달라졌다. 한 장교가 기록을 남겼다.

"링컨 대통령은 우리에게 어떤 거창한 연설도 하지 않았습니다. 우리의 이야기를 들어주셨을 뿐입니다. 하지만 그것만으로 우리는 다시 싸울 힘을 얻었습니다."

링컨의 내각은 '라이벌 팀'이라 불렸다. 대통령 선거에서 그와 경쟁했던 정적들을 장관으로 임명했기 때문이다. 주변 사람들은 서로 물고 뜯는 내각이 될 것이라고 우려했다. 그러나 링컨은 정반대의 결과를 만들어 냈다. 비결은 경청이었다.

내각 회의에서 링컨은 마지막에 말했다. 먼저 장관들의 의견을 끝까지 들었다. 자신과 정반대되는 의견에도 귀를 막지 않았다. 때로는 "흥미로운 관점이군요. 더 말씀해 주시겠습니까?"라고 물으며 상대의 생각을 깊이 파고들었다. 노예해방선언이라는 역사적 결정을 내리기 전에도 찬성하는 사람, 반대하는 사람, 두려워하는 사람, 분노하는 사람 모두의 목소리를 경청한 후에야 결정을 내렸다.

라이벌들이 한 팀이 된 이유는 간단했다. 그들은 자신의 목소리가 존중받는다는 것을 알았다. 경청은 반대자를 동지로 만드는 마법이었다.

문제는 우리 대부분이 듣는 동안 이미 대답을 준비하고 있다는 것이다. 이것은 경청이 아니다. 말할 차례를 기다리는 것일 뿐이다. 링컨은 달랐다. 그는 진정한 침묵을 알았다. 상대방의 말 속에 숨겨진 감정을 읽고 표현하지 못한 욕구를 이해하려 노력했다.

한번은 한 장관이 링컨에게 30분 동안 쉬지 않고 불만을 쏟아냈다. 링컨은 한마디도 하지 않고 고개를 끄덕이며 들었다. 장관이 다 말하고 나자, 링컨이 물었다.

"그래서 당신은 어떻게 하면 좋겠다고 생각하십니까?"

장관은 잠시 생각하더니 말했다.

"제가 너무 흥분했던 것 같습니다. 각하의 결정을 따르겠습니다."

경청은 상대방 스스로 답을 찾게 만든다.

링컨이 보여준 경청의 리더십은 160년이 지난 지금도 여전히 유효하다. 우리는 자신의 목소리를 높이는 데 급급하다. 진정으로 타인의 목소리에 귀 기울이는 사람이 진짜 힘을 가진다. 링컨은 말했다.

"나는 여섯 시간 동안 나무를 베는 일을 맡는다면, 처음 네 시간은 도끼날을 가는 데 쓸 것이다."

경청은 바로 그 도끼날을 가는 시간이다. 말하기 전에 듣는 것, 판단하기 전에 이해하는 것. 그것이 모든 문제해결의 출발점이다.

경청은 존중이며 포용이다. 팀을 단결시키고 이끌어가는 모든 힘의 출발점이다. 그리고 그것은 특별한 재능이 아니라 우리 모두 선택할 수 있는 태도다. 상대방의 이야기를 끝까지 들어보자. 대답을 준비하지 말고 판단하지 말고 온전히 들어보자. 우리도 링컨처럼 위대한 경청의 리더가 되어 있을 것이다.

02

존재의 경청, 마더 테레사

인도 캘커타의 뒷골목은 악취와 소음이 진동했다. 사람들은 발걸음을 재촉하며 고개를 돌렸다. 하지만 작은 체구의 한 수녀는 그 자리에 멈춰 섰다. 그녀는 길가에 쓰러져 있는 한 남자 앞에서 무릎을 꿇고 그의 곁에 앉았다.

"당신의 이름은 무엇인가요?"

그녀가 물었다. 평생 사람들에게 외면당해온 남자는 처음엔 아무 말도 하지 않았다. 누구도 자신의 이름을 물어본 적이 없었기 때문이다. 한참 뒤에서야 그는 떨리는 입술로 자신의 이름을 말했다. 마더 테레사는 고개를 끄덕이며 그의 손을 잡았다. 그 순간, 남자의 눈에는 눈물이 맺혔다.

그는 그날 '죽어가는 이들의 집'으로 옮겨져 생애 최초로 존엄한 대우를 받았다. 일주일 후 세상을 떠나면서 그는 이런 말을 남겼다.

"평생 처음으로 제가 사람으로 느껴졌습니다."

이것이 바로 마더 테레사의 경청이다. 거창한 말이나 복잡한 기술 없이 한 사람 앞에 온전히 존재하는 것. 그 따뜻한 관심과 경청이 죽어가던 사람의 마지막 시간을 존엄과 평안으로 채워주었다. 경청은 때로 의학보다 강력한 치유가 된다. 누군가 당신의 이름을 물을 때 당신은 비로소 보이지 않는 존재에서 보이는 사람이 된다.

마더 테레사는 하루에도 수십, 수백 명의 사람을 만났다. 병든 자, 버려진 아이, 죽음을 앞둔 노인까지. 그 많은 사람 속에서 그녀는 어떻게 지치거나 메마르지 않을 수 있었을까? 답은 그녀의 시 〈한 번에 한 사람〉에 있다.

난 결코 대중을 구원하려고 하지 않습니다.
다만 한 사람만 바라볼 뿐입니다.

난 한 번에 단지 한 사람만을 사랑할 수 있습니다.

한 번에 단지 한 사람만을 껴안을 수 있습니다.

단지 한 사람, 한 사람, 한 사람씩만…

〈하략〉

이 시를 처음 접하는 이들은 왜 위대한 성인이 '단지 한 사람'
만을 말하는가? 하고 의문을 품는다. 하지만 이것이 핵심이다.
우리는 누구에게나 좋은 사람이 되기 위해 동시에 많은 사람을
도우려 애쓴다. 그러나 너무 많은 사람을 한꺼번에 상대하려 할
때 오히려 지치고 결국엔 누구에게도 온전히 마음을 내어주지
못한다.

마더 테레사의 경청은 '선택적 집중'이었다. 지금, 이 순간 내
앞에 있는 이 한 사람, 그 사람에게 100%의 관심을 쏟는 것이다.
다음 사람을 생각하지 않고 어제의 사람을 떠올리지 않고 오직
지금 여기의 이 사람에게만 집중한다. 이것이 진정한 경청이다.

우리는 수십, 수백 명과 동시에 소통하는 세상에 살고 있다.
SNS 친구 숫자는 많아졌지만, 오히려 점점 더 외롭다. 이유는 아
무에게도 진실하게 '경청 받고 있다'라고 느끼지 못하기 때문이다.

마더 테레사는 이렇게 말했다.

"서구 사회의 가장 큰 가난은 외로움이고 아무에게도 필요하지 않다는 느낌입니다."

물질적 풍요 속에서도 사람들은 굶주리고 있다. 이는 관심의 굶주림이요 경청의 굶주림이다. 누군가 자기의 말을 진심으로 들어주기를 갈망하지만, 모두가 내 이야기만 하느라 바쁘다.

마더 테레사는 자신을 찾아온 한 대기업 CEO에게 돈보다 한 시간만 머물며 한 노인의 이야기를 들어달라고 요청했다. 처음엔 어색했던 CEO도 노인의 진솔한 이야기를 들으며 마음이 움직였다. 한 시간이 순식간에 지나고 그가 떠날 때 노인은 말했다.

"제 이야기를 들어주셔서 감사합니다. 아무도 제 얘기에 관심이 없는 줄 알았어요."

CEO는 후에 고백했다.

"기부금 그 자체보다 그 한 시간이 훨씬 더 큰 선물이었습니다.

저에게도요."

경청은 주는 사람과 받는 사람 모두를 변화시킨다. 듣는 사람도 치유 받고 말하는 사람도 회복된다.

마더 테레사는 노벨평화상을 받았을 때 이렇게 말했다.

"저는 아무것도 특별한 일을 하지 않았습니다. 한 번에 한 사람을 사랑하는 것, 바로 여러분도 할 수 있는 그 일을 했을 뿐입니다."

그녀가 세상에 남긴 메시지는 단순하다. 세상을 바꾸려면 거창한 계획이나 엄청난 자원이 필요한 것이 아니다. 한 번에 한 사람, 그 한 사람에게 집중하는 것이다. 그 작은 실천으로 그녀는 세상에 선한 파동을 만들었다.

우리는 종종 '나 하나 바뀐다고 세상이 바뀌겠어?'라고 생각한다. 그러나 마더 테레사는 증명했다. 한 사람이 한 사람에게 온전히 귀 기울일 때 그 파급효과는 상상을 초월한다. 경청 받은 사람은 다시 다른 사람에게 경청을 선물한다. 존중받은 사람은 다른 사람을 존중할 줄 안다.

경청이란 물질적 기부가 아니다. 한 사람에게 온전히 마음을
내어주는 선물이다. 사람들은 흔히 물질의 가난만을 이야기하지
만, 정작 누군가에게 '귀 기울여질 권리', '중요하다고 느낄 권리'
가 박탈된 것이 진짜 가난이다.

이해받고 있다는 감각, 존중받는다는 경험, 이것들이 모여 한
사람을 살리고 더 나아가 우리 모두의 세상을 바꾼다. 작은 물방
울이 모여 바다를 이루듯 한 사람 한 사람을 향한 진심 어린 경청
이 결국 세상을 바꾼다.

03

공감의 경청, 오프라 윈프리

"당신의 말을 듣고 있습니다."

이 짧은 한마디가 때로는 어떤 조언보다 강력한 치유가 된다. 우리는 모두 내 이야기를 들리게 하고 싶어 한다. 이해받고 싶어 한다. 하지만 진정으로 귀 기울여 듣는다는 것은 얼마나 어려운 일인가. 바로 그 어려운 일을 평생의 사명으로 삼은 여성이 있다. 토크쇼의 여왕, 오프라 윈프리다.

귀로 듣고 눈과 가슴으로도 듣는 것을 공감적 경청이라고 한다. 상대방의 내면을 들여다보며 그 사람의 웃음과 눈물을 함께 받아내는 힘이다. 이 경청의 힘을 가장 잘 보여준 인물 한 명이 바로 오프라 윈프리다.

그녀의 인터뷰를 본 사람들은 한결같이 말한다.

"오프라 앞에 앉으면, 내가 세상에서 가장 소중한 사람처럼 느껴져요."

그녀는 단순히 질문을 던지는 진행자가 아니다. 상대방의 말속에서 감추어진 고통과 기쁨, 두려움과 희망까지 발견해 내는 귀와 눈이 되었다. 그리고 따뜻한 가슴을 가진 경청가다. 그래서 그녀의 토크쇼는 늘 감동과 웃음과 눈물이 함께한다.

오프라의 프로그램이 전 세계 132개국에서 사랑받을 수 있었던 이유는 화려한 무대나 유명인의 출연 때문이 아니었다. 그것은 그녀가 보여준 깊은 주의와 따뜻한 시선이었다. 그리고 한 사람만을 마주하는 진심 덕분이었다. 사람의 이야기를 듣는 일은 기술이 아니다. 그것은 존재를 인정하는 가장 본질적인 행위이자 마음의 공간을 내어주는 일이다.

그녀는 가난과 차별을 당하며 상처 많은 어린 시절을 살았다. 하지만 그녀는 그 고통을 딛고 세계적으로 영향력 있는 인물로 성장했다. 그녀가 했던 말 중에서 특히 마음에 남는 문장이 있다.

"할 수 없을 것 같은 일을 하라. 실패하라. 그리고 다시 도전하라. 이번에는 더 잘해보라."

그녀의 당당함은 말과 겉모습보다 상대의 숨결과 침묵을 읽어내는 능력에서 나온다. 귀로 듣고 눈으로 살피며 가슴으로 받아들이는 태도이다. 그것이 그녀가 가진 특별한 힘이다.

오프라는 감사의 기록을 통해 자신을 가다듬고 타인을 이해할 힘을 길렀다. 매일 감사 일기를 쓰며 삶의 초점을 잃지 않은 것은 자신과 타인에 관한 관심의 훈련이었다. 삶을 긍정적으로 바라보는 태도는 감사에서 시작된다. 감사의 마음은 큰 행복을 부르고 인생을 살아가는 데 희망과 빛이 되어 준다. 감사할 줄 아는 마음은 곧 상대를 경청할 준비가 된 마음이다.

현대 사회는 끊임없는 소통을 말하지만, 정작 진정한 경청은 사라져간다. 일상은 소음으로 가득하다. 빠른 속도의 정보가 난무하고 단편적인 대화가 일상이 된 시대의 끊임없는 알림 속에서 우리는 종종 표면만 스쳐 가는 것에 익숙해져 있다. 진짜 경청은 상대의 언어 속에서 아직 말해지지 않은 세계를 느끼는 일이다.

동양의 지혜도 이를 뒷받침한다. 불교의 마음 챙김(正念)은 현재 순간을 있는 그대로 바라보며 타인의 고통에 다가가는 것을 강조한다. 눈앞의 한 사람에게 집중하며 그의 말과 표정, 그 사이의 공허함까지 함께 느끼려는 노력은 공감적 경청의 본질이다. 그녀가 보여준 경청은 우리가 잊어버린 인간적 관계의 본질을 다시 떠올리게 한다.

자신을 사랑하고 즐길 줄 아는 사람만이 확신에 찬 삶을 만들어 갈 힘이 생긴다. 누구든 잠재한 무한한 재능을 가지고 있다고 믿어야 한다. 그 가능성은 성공의 길로 인도해 줄 것이다. 내면의 힘을 키워야 한다. 오프라는 언제나 자신을 탐구자로 간주해 왔다고 했다. 자기 자신을 깊이 이해하는 사람만이 타인의 목소리에도 진정으로 귀 기울일 수 있다.

결국, 내가 확실히 아는 것은 모든 것은 경청에서 시작된다는 사실이다. 한 사람의 이야기를 온전히 듣는다는 것은 그의 존재를 인정하는 일이며 마음의 공간을 내어주는 일이다. 오프라 윈프리의 마음 경청의 힘은 수많은 사람을 치유하고 일으켜 세웠다.

경청은 특별한 재능이 아니다. 우리 모두 선택할 수 있는 사랑의 방식이다. 오프라 윈프리가 보여준 것처럼 진심으로 듣는 사람이 세상을 변화시킬 수 있다. 지금, 이 순간 경청할 준비된 마음으로 누군가를 마주해 보는 것은 어떨까. 작은 선택이 당신과 상대방 모두의 삶에 빛이 될 것이다.

04

우주의 경청, 세종대왕

　　　　세상에는 두 종류의 지도자가 있다. 말하는 지
도자와 듣는 지도자. 세종대왕은 후자였다. 그러나 그의 경청은
우리가 아는 그 '경청'과 달랐다. 그는 사람의 목소리만이 아니라
하늘의 언어, 땅의 신호, 시간의 흐름, 심지어 음악 속 질서까지
들었다. 세종의 경청은 단순한 소통 기술이 아니라 우주와 대화
하는 철학이었다.

　경청은 한자어로 기울 '경(傾)'과 들을 '청(聽)'을 쓴다. '귀 기울
여 듣는다'라는 뜻이다. 그런데 세종은 무엇에 귀를 기울였을까.
놀랍게도, 그는 하늘의 비에 귀를 기울였다. 1441년, 세종은 측
우기를 만들게 했다. 세계 최초의 과학적 강우량 측정 기구다. 이
것은 단순한 농업 도구가 아니었다. 하늘이 주는 신호를 과학의

언어로 번역하고 그것을 백성의 삶과 연결한 혁명이었다. 비의 양을 기록한다는 것은 곧 하늘과 백성이 대화를 나누는 새로운 방식을 여는 일이었다.

당시 조선은 농업 사회였고 가뭄과 홍수는 곧 백성의 생사를 결정했다. 세종은 '하늘이 무엇을 말하는가?'를 들었고, 그 말을 숫자와 기록으로 남겼다. 경청이란 단지 귀로 듣는 것이 아니라 보이지 않는 것을 보이게 하고 들리지 않는 것을 들리게 만드는 일임을 보여준다.

세종은 시간을 들었다. 자격루(물시계)와 앙부일구(해시계)를 통해 눈에 보이지 않는 시간의 흐름을 누구나 알 수 있게 했다. 특히 자격루는 시간을 '소리'로 알려주는 장치였다. 물이 흐르고 쇠구슬이 떨어지고 북과 종이 울리면서 시간을 알렸다. 시각이 청각으로 전환된 순간이었다.

이것은 단순한 발명이 아니었다. 당시 백성들은 관청에 의존해 시간을 알았다. 세종은 시간을 백성에게 돌려주었다. 누구나 스스로 삶의 리듬을 조율할 수 있게 한 '시간의 민주화'였다. 경청이란 결국 타자의 시간을 존중하는 일이며 그들이 자신의 삶을 주체적으로 살 수 있게 하는 일임을 세종은 알고 있었다.

세종은 음악을 사랑했다. 직접 거문고를 연주했고, 아악(雅樂)의 체계를 정비했다. 유교 전통에서 음악은 사람의 마음을 교화하고 공동체를 조율하는 도구였다. 세종에게 음악은 백성의 마음을 듣는 방법이었다.

그는 백성의 삶에서 흘러나오는 소리에 귀 기울였다. 농부의 노래, 시장의 웃음소리, 애환이 담긴 노동요. 세종은 이런 '민초의 음악'을 듣고 그것을 질서 있는 아악으로 승화시키려 했다. 소리를 질서로, 질서를 조화로 바꾸는 과정. 그것이 곧 그의 정치였다.

철학자 하이데거는 "듣는다는 것은 존재가 우리에게 말을 거는 것을 허락하는 일"이라고 했다. 세종의 경청은 바로 그 허락의 정치였다. 인간뿐 아니라 하늘과 땅, 시간과 음악의 소리를 허락함으로써 그는 시대를 초월한 지도자의 자리에 올랐다.

세종이 하늘과 백성을 함께 들었던 것처럼 우리 또한 겉의 요란함 속에서 본질적인 소리를 구분해 내야 한다. 가정에서는 가족의 하루에 귀 기울이는 것, 직장에서는 동료의 침묵에 담긴 마음을 알아차리는 것, 사회에서는 약자의 목소리에 응답하는 것, 그리고 개인적으로는 내면의 속삭임을 외면하지 않는 것이다.

세종대왕의 경청은 단순히 '잘 듣는 왕'의 차원을 넘어선다. 하늘의 비와 땅의 소리, 사람의 고통과 기쁨을 연결해 나라를 다스렸다. 경청은 곧 조화였으며, 조화는 곧 다스림이었다.

세종이 보여준 것은 '전방위적 경청'이었다. 위로는 하늘을, 아래로는 백성을, 좌우로는 신하와 자연을 들었다. 그의 귀는 사방팔방으로 열려 있었다. 그렇기에 그가 만든 나라는 조화로웠다. 한글 창제 역시 이 경청의 결실이었다. 말하지 못하는 백성의 소리를 듣고, 그들에게 말할 수 있는 도구를 준 것이다.

세종이 보이지 않는 소리를 제도와 삶의 질서로 바꾸어 냈듯, 우리도 각자의 자리에서 작은 실천을 시작할 수 있다. 이 모든 순간이 '경청의 정치'이며, 세종이 보여준 지도력의 현대적 구현이다.

경청은 위대한 제도를 만드는 힘이자 동시에 일상의 평화를 지키는 기술이다. 세종은 측우기로 하늘을 들었고, 자격루로 시간을 들었으며, 음악으로 마음을 들었다. 우리는 무엇으로 세상을 들을 것인가.

전략의 경청, 데일카네기

말 잘하는 사람보다 잘 듣는 사람이 세상을 움직인다.

1920년대 뉴욕, 한 시골 청년이 대도시의 밤을 밝히는 화려한 조명 아래 서 있었다. 그는 말을 더듬었고 사람들 앞에 서면 식은 땀을 흘렸다. 그러나 그는 자신보다 훨씬 더 중요한 비밀을 발견했다. 사람들은 누군가의 완벽한 말솜씨가 아니라 자신의 이야기를 진심으로 들어주는 사람에게 마음을 연다는 것을. 그 청년이 바로 데일 카네기다.

데일 카네기는 20세기 초 미국에서 '인간관계의 대가'로 불리며 수많은 사람의 삶을 변화시킨 인물이다. 흥미로운 점은 그가 대중 앞에서 연설하는 방법을 가르치며 이름을 알렸지만, 정작 그의 핵심 가르침은 '말을 잘하는 법'보다 '귀 기울여 듣는 법'에 있었다는 것이다.

그는 강의에서 늘 이렇게 말했다.

"청중은 당신의 위대한 지식에 매료되는 것이 아니라, 당신이 그들의 이야기를 들어주고 있다고 느낄 때 비로소 마음을 연다."

이 진리를 깨닫는 순간 말 잘하는 재능보다 경청의 습관이 얼마나 큰 가치를 지니는지 알게 된다.

카네기의 대표작 《인간관계론》은 처세술의 책이 아니다. 인간의 마음을 여는 열쇠를 경청에서 찾은 혁명적 통찰이었다. 그는 말한다.

"사람들은 당신이 그들에게 얼마나 관심을 보였는지를 기억한다."

누군가의 이야기에 귀 기울이는 태도가 곧 존중이며 마음을 얻는 가장 빠른 길이라는 것이다.

경청의 힘은 상대방을 기분 좋게 만드는 데 있지 않다. 데일 카네기는 실제 사례를 통해 이를 설명했다. 성공한 사업가들은 계약을 성사시킬 때 대부분의 시간을 자신의 제안을 설명하는 데 쓰지 않는다. 오히려 고객의 이야기를 들으며 깊이 이해하는 데 더 많은 시간을 투자한다.

그 과정을 통해 고객은 존중받는다고 느끼고 결국 신뢰를 바탕으로 관계가 맺어진다. 카네기의 통찰은 지금도 그대로 적용된다. 경청은 곧 설득의 출발점이며 협력의 기반이다. 가장 뛰어난 세일즈맨은 가장 많이 말하는 사람이 아니라 가장 잘 듣는 사람이다.

카네기는 이를 "상대방이 자기의 영웅이 되게 하라"는 원칙으로 표현했다. 당신이 상대방의 이야기를 들어주는 순간 그는 자기 삶의 주인공이 되고 당신은 그의 세계에 초대받는다. 이것이 바로 경청의 마법이다.

흥미로운 점은 카네기가 강조한 경청이 사회적 성공을 위한 전략이 아니라 자기 성장에도 깊은 관련이 있다는 것이다. 경청하는 순간 우리는 타인의 경험과 지혜를 흡수할 수 있다. 자신의 고정된 생각의 틀을 깨고 더 넓은 관점을 얻게 된다.

카네기 자신이 그 증거였다. 그는 가난한 농부의 아들로 태어나 정규 교육도 제대로 받지 못했다. 그러나 그는 사람들의 이야기를 들으며 인간 본성에 대한 깊은 통찰을 얻었다. 경청은 곧 학습이며, 인간관계의 학교이기도 하다. 그가 수천 명의 강의 수강생들로부터 얻은 지혜는 모두 '듣는 것'에서 시작되었다.

상대의 마음속 이야기를 들어주는 순간 우리는 그 사람의 세계에 초대받는다. 대화 기술을 넘어 인간의 근원적 욕구를 충족시키는 행위다. 누구나 "나는 중요한 존재다"라는 감정을 확인하고 싶어 한다. 경청은 그 확인을 가능하게 한다.

경청은 사랑의 첫 형태라는 말이 있다. 데일 카네기의 가르침은 바로 이 사랑의 실천적 확장이다. 누군가의 이야기를 끝까지 들어주는 태도 속에서 관계는 자라나고 존중은 뿌리내린다. 그리고 개인의 성공을 넘어 건강한 공동체를 만드는 바탕이 된다.

이제 우리의 욕구에만 집중하지 말고 카네기가 말했듯이 내가 하는 말보다 내가 들어주는 말에 있다는 것을 알고 진정한 영향력을 실천해야 한다. 상대의 이야기에 귀 기울이는 순간 우리는 이미 절반의 설득에 성공한 것이다. 왜냐하면, 사람들은 자신을 이해해 주는 사람의 말을 듣기 때문이다. 경청은 선행 투자이며 신뢰의 예금이다.

카네기는 평생 한 가지 원칙을 지켰다.

"상대방이 말하고 싶은 것에 관해 이야기하게 하라."

이 간단한 원칙이 그를 인간관계의 대가로 만들었다. 그의 비밀은 복잡한 심리학 이론이 아니라 인간의 가장 기본적인 욕구를 이해한 것이었다.

귀를 여는 순간 세상이 달라진다. 데일 카네기가 세상에 남긴 교훈은 단순하다. 경청은 기술이 아니라 태도이며 말보다 강력한 설득의 힘이다. 말 잘하는 사람보다 잘 듣는 사람이 결국 세상을 움직인다. 경청의 힘은 지금도 유효하며 우리의 선택에 있다.

06

진정성의 경청, 유재석

　　'국민 MC'라는 타이틀은 쉽게 얻어지지 않는다. 수많은 방송인이 등장하고 사라지는 연예계에서 20년 넘게 정상을 지킨다는 것은 단순한 재능만으로는 불가능하다. 유재석을 떠올리면 그의 뛰어난 진행 실력이나 재치 있는 입담을 먼저 생각하게 된다. 하지만 그가 오랫동안 정상의 자리를 지키는 진짜 힘은 화려한 말솜씨나 타고난 재능이 아니라 진정성과 사람 냄새에 있다.

　방송 화면 너머로 전해지는 그의 솔직함과 공감 능력은 많은 이들에게 안심과 위로를 주며 마음을 열게 만든다. 그는 말하는 사람이기 전에 듣는 사람이다. 상대의 말 한마디에도 귀 기울이고 그 속에 담긴 마음까지 헤아린다.

　유재석의 삶은 의외로 단순하다. 화려한 스포트라이트 아래서도 늘 자신을 돌아보고 꾸미는 말보다 실제 행동과 배려를 우선한다. 자기 계발을 위해 꾸준히 책을 읽고 운동하며 바쁜 일상에서도 자신을 성실하게 가꾸는 노력을 멈추지 않는다.

겸손한 태도와 보이지 않는 곳에서의 배려가 이어지고 끈질긴 노력과 집념이 그를 성장으로 이끈다. 화려한 무대 위에서 빛나는 모습 뒤에는 끊임없이 자신을 돌아보며 성장하려는 의지가 있다. 그의 진정성은 거기서 나온다.

경청은 때로는 삶을 지탱하는 힘이 되고 누군가의 어둠을 밝히는 빛이 되기도 한다. 개그맨 장동민은 JTBC '속사정 쌀롱'을 통해 "평생 은혜를 갚아야 할 첫 번째 사람이 있다."라며 감사의 마음을 눈물과 함께 전했다.

인생의 가장 힘든 시기, 그는 한 번도 연락해 본 적 없는 선배 유재석에게 전화를 걸었다. 흔쾌히 나온 유재석은 "내가 감히 너를 어떻게 다 이해하겠니. 하지만 들어줄 수는 있다."라며 장동민의 이야기를 들었다. 그리고 택시를 잡아주며 지갑에 있는 현금을 모두 꺼내 주고는 "남는 돈은 어머니 용돈 드려라"라고 했던 유재석과의 스토리를 이야기했다.

장동민은 그의 따뜻한 배려에 울컥했다. '앞으로 더 열심히 살아야겠다.'라고 다짐했다. 지금도 그는 유재석을 '자신의 인생을 바꿔준 은인'으로 기억한다. 사람의 마음을 움직이는 힘은 거창한 위로나 화려한 언변이 아니라 진심으로 귀 기울이고 행동으로 보여주는 태도임을 알 수 있다.

"내가 어떻게 다 이해하겠니"라는 겸손한 인정과 "하지만 들어줄 수는 있다"라는 따뜻한 약속. 이 두 문장이 한 사람의 삶을 바꾸었다. 경청은 이렇게 구체적이고 실천적인 사랑의 형태다.

유재석의 매력은 방송에서 더욱 빛난다. '유퀴즈 온 더 블록'에서 그는 초등학생에게 질문했다.

"잔소리와 조언의 차이는 무엇일까요?"

아이는 명쾌하게 답했다.

"잔소리는 왠지 모르게 기분 나쁜데, 충고는 더 기분 나빠요."

유재석은 박장대소하며 공감과 존중으로 분위기를 이끌었다. 질문은 유쾌했고, 대답은 통쾌했다. 그리고 그 순간은 모두가 웃으며 마음을 열어버린 명장면으로 남았다. 유재석의 힘은 이렇게 유연하면서도 강력한 매력에서 나온다.

  그는 어린아이의 말도, 유명인의 말도, 길거리 시민의 말도 똑같이 존중한다. 나이도, 지위도, 명성도 경청 앞에서는 의미가 없다. 오직 그 사람의 이야기, 그 순간의 진심만이 중요할 뿐이다. 좋은 사람은 특별한 능력을 지닌 사람이 아니다. 아무리 뛰어난 재능이 있어도 남의 마음을 들어주고 진정성으로 다가서지 않는다면 오래 사랑받기 어렵다.

  유재석의 진짜 힘은 화려한 입담이 아니라 상대를 존중하고 겸손하게 대하며 무엇보다 끝까지 경청하는 모습에 있다. 그런 태도는 진정성을 만들고 마음을 여는 문이 된다. 그래서 그는 언제나 우리 곁에 따뜻한 사람 냄새 나는 모습으로 남아 있다. 화려함이 아니라 진심으로, 말이 아니라 행동으로, 재능이 아니라 배려로 사람들의 마음에 자리 잡은 것이다.

  성장은 재능이나 특별한 도전에서 시작되지 않는다. 진심으로 듣고 작은 배려를 실천한다면 누구든 마음을 움직이는 힘을 가진 사람이 될 수 있다. 일상에서 배우고 자기의 행동에 책임지며 살아가려는 태도에서 출발한다. 누군가에게 위로와 용기를 전하

고 싶다면 먼저 '경청'과 '진정성'이라는 실천부터 시작하면 된
다. 유재석이 보여준 것처럼, 경청은 말보다 강하고, 진정성은 재
능보다 오래간다.

07

심리학적 경청, 칼 로저스

우리는 흔히 '잘 들어주는 사람'을 좋은 대화 상대라고 말한다. 그러나 귀로만 듣는 것과 마음으로 듣는 것은 전혀 다른 차원의 이야기다. 심리학자 칼 로저스는 마음 깊숙이 다가가는 법을 발전시킨 경청의 대가다. 그는 상담과 심리치료 현장에서 '공감적 경청(Empathic Listening)'이라는 개념을 정립하며 인간관계와 치유의 본질을 새롭게 정의했다.

20세기 심리치료의 역사는 로저스 이전과 이후로 나뉜다고 해도 과언이 아니다. 그 이전의 치료는 대부분 전문가가 진단하고 처방하는 방식이었다. 그러나 로저스는 근본적인 질문을 던졌다.

"만약 우리가 판단하지 않고 평가하지 않고 오직 상대방의 세계를 있는 그대로 이해하려 한다면 어떤 일이 벌어질까?"

로저스에게 경청은 마음으로 듣는 행위였다. 그가 추구한 듣기는 감정의 결까지 함께 따라가고, 말 뒤에 숨은 의미와 맥락을 함께 읽어 내는 과정이었다. 그가 내세운 태도는 심리치료를 넘어, 인간이 인간과 관계 맺는 모든 순간에 적용될 수 있는 보편적 지혜였다.

로저스는 세 가지 핵심 태도를 강조했다.

첫째, 진정성(Genuineness)이다. 상담자는 가면을 쓰지 않고 진실한 자기 자신이어야 한다.

둘째, 무조건적 긍정적 존중(Unconditional Positive Regard)이다. 상대방을 있는 그대로 받아들이고 존중한다.

셋째, 공감적 이해(Empathic Understanding)이다. 상대방의 내면세계를 마치 자신의 것처럼 느끼되 그것이 '마치'라는 사실을 잃지 않는다. 이 세 가지가 만날 때 경청은 단순한 기술을 넘어 치유의 힘이 된다.

경청의 시간은 누군가의 치유와 성장으로 이어진다. 깊은 절망에 빠져 삶의 방향을 잃고 무너져 내리던 내담자가 로저스의 상담실을 찾았다. 많은 상담자가 문제해결을 위한 조언부터 시작하지만, 로저스는 달랐다.

그는 내담자의 말과 눈빛과 작은 몸짓에까지 집중하며 묵묵히 이야기에 귀 기울였다. 말로 표현되지 않은 불안, 고통, 희망까지도 세심하게 관찰하며 내담자가 진정으로 느끼는 감정을 끌어냈다. 그 과정에서 내담자는 자신도 미처 알지 못했던 내면의 목소리를 발견했다. 스스로 삶의 길을 찾으며 자기 안에서 답을 발견하고 다시 일어설 힘을 얻었다.

로저스의 유명한 말이 있다.

"내가 정말로 누군가를 도울 수 있다면, 그것은 내가 답을 주기 때문이 아니라 그 사람이 스스로 답을 찾도록 공간을 만들어 주기 때문이다."

이것이 바로 공감적 경청의 핵심이다. 로저스의 방식이 특별한 이유는 바로 여기에 있다. 우리는 보통 대화할 때 상대의 말을 들으면서 동시에 '내가 뭐라고 대답해야 하지?'라고 생각한다. 때로는 조언을 주고 싶고 문제를 대신 해결해 주고 싶다. 그러나 이런 태도는 상대의 이야기를 반쯤만 듣게 만든다.

로저스는 판단을 보류하고 평가를 유예하며 상대가 있는 그대로 드러날 수 있도록 공간을 지켜냈다. 그 결과 상대는 진짜로 '이해받고 있다'라는 경험을 하게 되었다. 그 경험이 변화를 가능하게 했다.

한 가지 흥미로운 점은 로저스 자신도 이 과정에서 변화한다는 것이다. 진정한 공감적 경청은 일방적인 과정이 아니다. 상담자도 내담자의 세계에 진입하면서 자신의 세계가 확장되는 경험을 한다. 듣는 사람도 변하고 말하는 사람도 변한다. 이것이 진정한 만남이다.

눈에 보이는 말이 아닌 말 너머의 마음을 듣는 일은 쉽지 않은 과제다. 칼 로저스의 경청은 사람 사이 마음과 마음이 연결되는 깊은 소통의 과정이다. "사람의 마음을 귀로만 듣지 말고 가슴으로 들어라."라는 그의 말은 진정한 이해와 변화가 시작되는 지점을 명확히 짚어준다.

이 같은 소통은 개인의 치유뿐 아니라 공동체의 결속력을 강화한다. 더 나아가 사회 전체를 보다 성숙하고 온전하게 만드는 힘으로 작용한다. 로저스가 말년에 집중했던 '인간 중심 접근(Person-Centered Approach)'은 상담실을 넘어 교육, 조직 관리, 심지어 국제 분쟁 해결에까지 적용되었다.

로저스의 가르침은 거창한 이론이 아니다. 그것은 실천 가능한 태도의 문제다.

오늘 당신이 만나는 사람에게 진정성을 가지고 다가가는가?

상대를 판단하지 않고 있는 그대로 존중하는가?

그의 감정을 마치 자기의 것처럼 느껴보려 애쓰는가?

이 세 가지만 실천해도 우리의 관계는 달라진다. 가정에서, 직장에서, 친구 사이에서 로저스가 보여준 공감적 경청은 여전히 유효하다. 마음을 듣는 기술은 특별한 재능이 아니라 누구나 배우고 실천할 수 있는 인간다움의 회복이다.

08
리더십의 경청, 오바마

　　2008년 1월, 아이오와 코커스에서 버락 오바마는 미국 정치의 이변을 만들었다. 젊고 경험이 부족한 후보가 힐러리 클린턴과 존 매케인을 제치고 전국적인 지지를 얻은 것이다. 많은 언론은 그의 탁월한 연설 능력을 주목했지만, 정작 그의 진짜 무기는 따로 있었다. 사람들의 마음속 깊은 이야기를 듣고 그것을 공감과 행동으로 연결하는 힘. 바로 경청에서 비롯된 공감 리더십이었다.

　　오바마의 정치적 출발점은 화려한 워싱턴이 아니라 시카고의 낡은 교회 지하실이었다. 그곳에서 그는 실직한 노동자와 집을 잃은 이민자 등 차별에 지친 시민들의 목소리를 들었다. 그는 메모장을 꺼내 그들의 사연을 기록했다. 그리고 그 이야기들을 연설에서 인용했다. 사람들은 자신들의 목소리가 국가의 무대에서 울려 퍼지는 것을 보고 '이 정치인은 우리를 듣고 있다'라는 확신을 얻었다.

오바마의 연설이 감동적이었던 이유는 화려한 수사 때문이 아니라, 이미 수많은 사람의 목소리로 채워져 있었기 때문이다. 그는 말하기 전에 먼저 들었고 듣고 난 후에야 말했다. 이것이 그를 단순한 정치인이 아닌 시대의 리더로 만든 결정적 차이였다.

대통령이 된 이후에도 그의 경청 리더십은 빛을 발했다. 금융위기로 미국 경제가 무너져 가던 2009년, 그는 백악관에서 기업가와 시민, 노동자의 목소리를 차례로 들었다. 회의 자리에서 그는 먼저 길게 말하지 않았다. 대신 끝까지 듣고 상대의 핵심을 정리한 뒤에야 자신의 의견을 덧붙였다.

참모들은 이렇게 증언했다.

"오바마 대통령은 우리가 무심코 한 말까지 기억하고 다시 꺼내 준다. 그래서 우리가 존중받고 있다는 느낌을 받는다."

듣는 태도가 곧 신뢰의 자산이 된 것이다. 리더십의 본질은 명령이 아니라 경청이며 권위가 아니라 공감임을 그는 실천으로 보여주었다.

오바마의 경청은 단순한 공감에 머물지 않았다. 그는 '듣기에서 공감하기로, 그리고 행동으로 옮기기'라는 리더십 공식을 만들었다. 오바마케어(건강보험 개혁법)는 치열한 반대 속에서도 수많은 시민의 목소리를 담아냈기 때문에 가능했다. 보험료를 감당할 수 없어 치료를 포기한 사람들, 기존 질환 때문에 보험 가입조차 거부당한 가족들. 그들의 이야기가 법안의 뼈대가 되었다.

흑인 소년이 경찰에 의해 희생된 사건 후에도 그는 성급히 비난하지 않고 피해 가족과 지역 사회, 경찰 모두의 이야기를 듣고 나서야 대국민 메시지를 발표했다. 듣기에서 출발한 공감, 그리고 공감에서 출발한 행동, 이것이 오바마가 보여준 새로운 리더십의 패턴이었다.

경청은 약함이 아니라 강함이다. 우리 사회는 종종 리더를 '말 잘하는 사람'으로 규정한다. 카리스마 넘치는 연설과 단호한 결단, 흔들림 없는 태도를 리더십의 덕목으로 여긴다. 그러나 오바마는 다른 메시지를 전한다. 진짜 리더는 자신의 목소리를 키우는 사람이 아니라 타인의 목소리를 담아내는 사람이라고.

경청은 자신의 확신을 잠시 내려놓고 타인의 세계로 들어갈 수 있는 용기가 필요하다. 자신이 모른다는 것을 인정하고 배울 자세를 갖추는 것이 진짜 강함이다. 오바마는 이렇게 말했다.

"나는 언제나 내가 가장 똑똑한 사람이 아니라는 것을 안다. 그래서 나는 듣는다."

이 겸손함이 역설적으로 그를 강한 리더로 만들었다. 사람들은 자기의 말을 진지하게 받아들이는 리더를 신뢰한다. 경청은 단순한 예의가 아니라 신뢰를 쌓는 가장 현실적인 도구였던 셈이다.

오바마의 경청 리더십은 정치의 영역에만 국한되지 않는다. 그것은 우리 일상의 모든 관계에 적용될 수 있는 보편적 지혜다. 오바마는 이렇게 말했다.

"변화는 위에서 내려오는 것이 아니라 아래에서 올라온다."

그 변화의 시작점은 바로 경청이다. 사람들의 목소리를 듣고 그 속에서 공통의 염원을 발견하고 그것을 현실로 만드는 과정.

이것이 진정한 리더십이며 우리가 모두 실천할 수 있는 변화의
방법이다.

　오늘, 우리는 누구의 이야기를 들었고 그 이야기 속에서 어떤
공감을 발견했는가. 그리고 그 공감을 어떤 행동으로 연결할 것
인가. 오바마가 보여준 것처럼 세상을 바꾸는 힘은 특별한 재능
이 아니라 진심 어린 경청에서 시작된다. 듣는 자가 세상을 바
꾼다.

09
창작의 경청, 조앤 롤링

　　　　　해리 포터의 첫 장을 펼치는 순간 우리는 금세 마법 세계로 빨려 들어간다. 빗자루를 타고 하늘을 날고 마법 지팡이로 주문을 외우며 친구들과 함께 어둠의 세력에 맞서는 장면들은 독자에게 짜릿한 흥분을 선사한다. 그런데 문득 궁금해진다.

　'조앤 롤링은 어떻게 이토록 생생한 이야기를 만들 수 있었을까?'

　비밀은 상상력에만 있지 않다. 그녀가 지닌 또 다른 특별한 힘, 바로 경청의 마법에 있다.

　1990년대 초, 이혼 후 홀로 딸을 키우며 경제적 어려움에 시달리던 조앤 롤링은 에든버러의 작은 카페 구석에 앉아 글을 쓰곤

했다. 난방비를 아끼기 위해 유모차를 끌고 카페를 전전하던 그 시절, 그녀에게는 두 개의 세계가 공존했다. 하나는 종이 위에 펼쳐지는 호그와트의 상상 세계, 또 하나는 주변 테이블에서 흘러나오는 사람들의 현실 세계였다.

롤링은 어린 시절부터 남의 이야기를 귀 기울여 듣는 습관이 있었다. 이것이 나중에 세계적인 이야기꾼으로 성장할 수 있는 자양분이 되었다. 카페에서 그녀는 연인들의 다툼, 친구들의 농담, 직장인의 푸념, 아이들의 웃음소리를 놓치지 않았다. 그 모든 '소리'가 그녀의 귀를 통해 마음속에 새겨졌고 작품 속 인물들의 성격과 대사로 되살아났다.

실제로 해리 포터 시리즈의 인물들은 순수한 상상에서만 나온 캐릭터가 아니다. 해리의 고독은 어린 시절 따돌림당했던 한 소년의 표정에서, 론의 불안은 형제들 사이에서 자신의 자리를 찾지 못하던 한 청년의 고백에서, 헤르미온느의 외로움은 똑똑하다는 이유로 소외되었던 한 소녀의 눈빛에서 왔다. 롤링은 누군가의 고민을 귀담아듣고 그 속에 숨어 있는 두려움과 소망을 포착했기에 그 인물들은 지금도 살아 숨 쉬는 듯한 생동감을 준다.

이것이 롤링만의 경청이다. 그녀는 단순히 이야기를 듣는 것을 넘어 그 속에 담긴 감정의 결과 인간 본성의 층위를 읽어 냈다. 그리고 그것을 마법이라는 환상적 장치 속에 녹여내어 전 세계 독자들이 자기의 모습을 발견하고 위로받을 수 있게 만들었다.

해리 포터 시리즈가 특별한 이유는 화려한 마법이나 거대한 전투 장면 때문만이 아니다. 이야기를 이끌어가는 진짜 핵심은 관계와 우정이다. 해리가 어둠 속에서 무너지지 않을 수 있었던 건 그의 곁에 늘 들어주는 친구들이 있었기 때문이다.

론은 해리의 두려움 앞에서 함께 떨었고 헤르미온느는 그의 혼란스러운 감정을 끝까지 들어주며 지혜로운 조언을 건넸다. 때로는 대단한 주문보다 진심 어린 대화 한마디가 더 큰 힘을 발휘했다. "너는 혼자가 아니야"라는 말, "우리가 함께 있어"라는 확신, 이것이 볼드모트의 어둠보다 강력한 마법이었다.

롤링은 이렇게 말했다.

"해리를 구한 것은 특별한 주문이 아니라 사랑이었다."

그 사랑의 구체적인 형태는 바로 경청이었다. 서로의 이야기를 듣고 공감하고 함께 울고 웃는 과정이었다. 그 과정에서 우정을 넘어 세상을 바꾸는 신뢰가 탄생했다.

명성과 부를 얻은 후에도 롤링의 경청은 계속되었다. 그녀는 팬들이 보낸 수많은 편지를 직접 읽었다. 특히 자신의 책을 읽고 삶의 희망을 찾았다는 이야기, 괴롭힘을 견딜 수 있었다는 고백, 가족을 잃은 슬픔을 위로받았다는 감사에 깊이 귀 기울였다.

그녀는 이런 편지들에 종종 직접 답장을 보냈다. 한 독자는 이렇게 증언했다.

"롤링은 제 편지를 정말로 읽었어요. 그리고 제가 쓴 작은 디테일까지 기억하며 답장을 보내 주었죠. 제가 존재한다는 것, 제 이야기가 중요하다는 것을 느꼈습니다."

누군가의 이야기를 들어준다는 것은 상대의 짐을 덜어주고 마음의 숨통을 틔워준다. "그랬구나, 네 마음이 그랬구나"라는 공감은 큰 힘이 된다. 롤링은 이것을 누구보다 잘 알았다. 그리고 자신이 받은 경청의 힘을 다시 독자들에게 돌려주었다.

롤링의 작품이 우리에게 전하는 메시지는 분명하다. 진짜 마법은 환상적인 주문이 아니라 마음을 들어주는 태도에서 나온다. 해리의 세계에서조차 마법보다 강력한 힘은 결국 사람과 사람 사이의 이해와 공감이었다.

우리는 마법 지팡이를 가지지 못했다. 호그와트 입학 통지서도 받지 못했다. 하지만 롤링이 보여준 것처럼 우리에게는 더 강력한 마법이 있다. 누군가의 이야기를 진심으로 듣는 것, 그 속에서 고통과 희망을 읽어 내는 것, 그리고 "나도 그런 적 있어"라고 공감해 주는 것이다.

카페 구석에서 사람들의 목소리를 듣던 가난한 싱글 맘이 세계적인 작가가 된 것처럼 우리의 작은 경청도 누군가의 삶을 바꾸는 마법이 될 수 있다. 한 사람의 진심 어린 관심이 절망에 빠진 누군가에게는 구원의 빛이 된다.

조앤 롤링은 우리에게 판타지 속 마법 세계를 선물했다. 동시에 현실에서도 쓸 수 있는 마법의 비밀을 남겼다. 우리의 선택이 세상을 그리고 누군가의 삶을 바꾸는 마법이 될 것이다. 마음을 듣는 순간 우리는 이미 마법을 사용하는 것이다.

10

겸손의 경청, 유비

약함을 인정하는 순간 가장 강한 리더가 된다.

"리더의 힘은 어디서 오는가?" 우리는 흔히 권력, 재물, 혹은 타고난 카리스마에서 그 답을 찾으려 한다. 하지만 삼국지의 유비는 이 통념과는 거리가 먼 인물이었다. 그는 조조처럼 번뜩이는 지략을 가진 천재도 아니었고 손권처럼 탄탄한 가문과 재력을 지닌 배경도 없었다. 전투에서는 수없이 패배했고 위기 앞에서는 다른 이의 도움을 받아야 했다.

그러나 이상하게도 사람들은 시간이 지날수록 유비를 더 신뢰하고 따랐다. 결국, 그는 촉한을 세우며 역사에 이름을 남겼다. 힘도, 재물도, 압도적인 천재성도 없었던 그가 어떻게 개국 군주가 되었을까? 그 해답은 단순했다. 유비는 '사람의 마음을 얻는 법'을 아는 리더였고, 그 비밀은 바로 경청에 있었다.

유비의 경청은 상대방을 존중하고 그 안에서 가치를 발견하는 태도를 보여주었다. 짧은 칭찬과 진심 어린 인정 그리고 무엇보다 상대의 말을 끝까지 들어주는 자세는 그의 가장 큰 무기였다.

조조는 권모술수로 사람을 움직였고 손권은 가문의 기반으로 사람을 모았다. 하지만 유비의 곁에 인재들이 모여든 것은 그가 보여준 따뜻한 공감과 진정성 덕분이었다. 관우는 조조의 회유에도 흔들리지 않았고 장비는 거친 성격에도 불구하고 끝내 그를 떠나지 않았다. 조운은 죽음을 무릅쓰고 그의 가족을 구했고 제갈량은 평생을 바쳐 유비와 그의 후계자를 위해 헌신했다.

이들의 충성과 헌신은 모두 유비가 보여준 '듣는 태도'에서 비롯된 결과였다. 유비는 자신이 완벽하지 않다는 것을 알았다. 그래서 더욱 귀를 열었다.

"나는 부족하다. 그러니 그대의 지혜가 필요하다."

이 겸손함이 역설적으로 가장 강력한 리더십이 되었다.

삼국지를 읽어본 사람이라면 결코 잊을 수 없는 장면이 있다. 바로 '삼고초려'다. 유비는 당대 최고의 전략가 제갈량을 얻기 위해 무려 세 번이나 그의 집을 찾아갔다. 한두 번 거절당하면 포기했을 법도 했지만, 유비는 묵묵히 다시 길을 나섰다.

마침내 제갈량과 마주한 자리에서조차 그는 자기의 뜻을 강요하지 않았다. 오히려 물었다.

"당신이라면 이 시대를 어떻게 바꾸겠는가?"

이 질문은 인재를 얻기 위한 형식적인 절차가 아니었다. 젊은 책사의 의견을 듣고 존중하며 받아들이겠다는 진심이 담겨 있었다.

여기서 주목해야 할 것은 유비가 '답'을 가지고 간 것이 아니라 '질문'을 가지고 갔다는 점이다. 대부분 리더는 자신의 비전을 설득하려 한다. 그러나 유비는 상대방의 비전을 먼저 들었다. 그리고 그 비전이 자신의 꿈과 만날 수 있는지를 함께 탐색했다. 이 순간의 '경청'이 촉한의 운명을 바꾸는 결정적 계기가 되었다.

제갈량이 평생 그의 곁을 지킨 이유도 관우와 장비가 끝까지 함께 싸운 이유도 바로 그 태도에 있었다. 유비는 자신의 부족함을 인정했다. 그 약점을 메우기 위해 더 성실하게 사람을 대했다.

흥미로운 점은 유비가 '눈물'로도 유명했다는 것이다. 삼국지에서 유비는 자주 운다. 동생을 잃었을 때, 백성들이 고통받을 때, 전쟁에서 패배했을 때도 울었다. 어떤 이들은 이것을 약함으로 해석한다. 그러나 이것은 유비만의 독특한 경청 방식이었다.

눈물은 감정의 가장 솔직한 표현이다. 유비는 자신의 감정을 숨기지 않았다. 그것을 아는 상대방도 감정을 숨기지 않았다. 그의 눈물은 공감의 언어였고 진정성의 증거였다. 사람들은 완벽한 리더를 존경하지만, 함께 우는 리더는 사랑한다. 유비는 후자였다. 이것이 유비 리더십의 핵심이다. 그는 머리로만 듣지 않았다. 가슴으로 들었다. 상대의 고통을 자신의 고통처럼 느꼈고, 그래서 사람들은 유비를 위해 목숨을 걸 수 있었다.

유비의 리더십은 오늘날에도 여전히 유효하다. 직장에서 존경받는 리더는 동료들의 의견에 귀 기울이고 그 속에서 가치를 발견하는 사람이다. 실리콘밸리의 혁신 기업들 역시 "리더는 말하는 사람이 아니라 듣는 사람"이라고 강조한다. 고객의 목소리에 귀 기울이는 기업은 위기 속에서도 살아남고, 구성원의 목소리를 존중하는 조직은 더 큰 혁신을 이룬다.

현대의 삼고초려는 어떤 모습일까. 그것은 신입사원의 아이디어를 세 번 경청하는 것일 수도 있고 자녀의 꿈을 세 번 물어보는 것일 수도 있으며 배우자의 하루를 세 번 관심 있게 듣는 것일 수도 있다. 형식은 달라도 본질은 같다. 상대를 존중하고 그의 가치를 인정하며 함께 길을 찾는 것이다.

유비가 세상을 바꾼 힘은 화려한 무력도 번뜩이는 책략도 아니었다. 바로 '듣는 태도'였다. 상대의 이야기를 존중하고 그 안에서 가치를 발견하는 습관이 인재를 모으고 나라를 세우고 역사를 움직였다.

경청은 가장 강력한 리더십의 출발점이다. '나는 부족하다'라고 인정하는 순간 우리는 유비처럼 가장 강한 리더가 될 수 있다. 왜냐하면, 그 순간 다른 사람의 강점을 받아들일 준비가 되기 때문이다.

듣는 사람이 세상을 바꾼다

책을 쓰는 동안 나는 '듣는 사람'으로서, 또 '배우는 사람'으로서 쉬지 않고 변화하고 있었다.

처음에는 경청에 대한 내 생각과 경험을 정리하고 싶었을 뿐이었다. 하지만 시간이 흐를수록 이 일은 한 권의 책을 쓰는 것 이상이 되었다. 사람을 이해하려는 마음이 깊어졌고, 나 자신을 돌아보는 과정이 되었으며 함께 걸어준 이들에 대한 감사의 마음이 겹겹이 쌓이며 새로운 이야기를 만들어 냈다.

퇴근 후, 그리고 주말이면 도서관으로 향했다. 어떤 날은 한 꼭지를 붙잡고 일주일 넘게 씨름해도 해결되지 않았다. 그런가 하면 어떤 날은 한 꼭지가 하루 만에 완성되기도 했다. 그럴 때는 시간 가는 줄도 모르고 12시간 넘게 자리를 지켰다.

이 책의 퇴고 과정에서 마지막 문장을 매만지며 느꼈던 그 묘하게 고요하고 충만한 마음을 잊을 수 없다.

함께 글을 써나간 시너지 책 쓰기 14기 포틴클럽 멤버들과의 시간은 소중한 보석처럼 남는다. 서로의 글을 읽으며 평가보다 응원을 먼저 건넸고, 지난번보다 더 좋아졌다는 말에 진심으로 웃었다.

길거리에서, 산 정상에서, 어디에서건 외쳤던 "나는 반드시 책을 써내고야 말겠다"라는 다짐이 아직도 귀에 생생하다. 혼자였다면 오래가지 못했을 그 다짐들이 함께였기에 끝까지 이어질 수 있었다. 그 과정이 내 인생의 귀한 추억이 되었다.

처음 책을 쓰겠다고 선언하면서 주변 사람들에게 했던 말이 있다.

"만약 내가 책을 쓴다면, 누구나 책을 쓸 수 있을 거예요."

그 말은 내게 던진 도전이었다. 지금, 이 순간 그 말을 조금 더 확신을 담아 반복하고 싶다. 이 책을 읽으신 모든 분께 권한다.

"누구든 도전할 수 있다. 누구든 책을 써낼 수 있다."

이 책에서 다룬 경청의 5단계를 다시 한번 되새겨 본다.

1단계 멈춤 – 상대에게 말할 수 있는 공간을 제공하는 것. 스마트폰을 내려놓고 습관을 멈추고 마음을 비우는 것. 경청은 여기서 시작된다.

2단계 집중 – 상대의 마음을 열도록 도와주는 것. 말과 마음, 표정과 손짓까지 주의 깊게 살피는 것. 집중은 안전한 공간을 선물한다.

3단계 공감 – 상대와의 관계를 따뜻하게 하는 것. 슬픔에 함께 아파하고 기쁨을 함께 기뻐하는 것. 공감은 마음의 울림을 나누는 것이다.

4단계 확인 – 상대를 오해 없이 이해하는 것. "그러니까 네 말은 ○○라는 거지?" 작은 확인이 큰 신뢰를 만든다.

5단계 응답 – 상대를 존중하고 신뢰를 쌓는 것. 조언보다 공감이, 해결책보다 이해가 더 큰 힘을 발휘한다.

이 다섯 단계를 반복하며 실천하면 우리는 단순히 말을 잘 듣는 사람이 아니라 누군가의 인생에서 꼭 필요한 사람이 될 것이다.

이 책이 '듣는 사람으로서의 용기'를 선물했으면 한다. 잘 듣는 다는 것은 곧 세상과 자신을 더 깊이 이해하는 일이다. 귀로 듣지 만 결국 마음으로 만나게 된다. 삶이 바쁘고 복잡할수록 더더욱 '들을 시간'을 잃지 않기를 바란다.

세상은 말로 움직이지 않는다. 귀로 움직인다. 누군가의 마음 을 들어주는 일은 그 사람의 삶을 바꾸는 일이다. 그리고 그 한 사람의 변화가 결국 세상을 더 따뜻하게 만든다.

당신에게 작은 도전 과제를 드린다. 오늘 하루, 단 한 사람의 이야기를 끝까지 들어보라.

스마트폰을 내려놓고(멈춤)

그 사람에게 온전히 집중하며(집중)

마음의 울림을 함께 느끼고(공감)

"그러니까 이런 뜻이구나"라고 확인한 뒤(확인)

존중을 담아 응답해 보라.(응답)

세상에는 두 종류의 사람이 있다. 말로 공간을 채우는 사람과 침묵으로 마음을 여는 사람. 당신은 어느 쪽인가?

듣는다는 것은 사랑의 가장 우아한 형식이다. 오늘, 당신의 귀가 누군가의 영혼을 어루만지기를. 그 한 번의 경청이 한 사람의 우주를 바꾼다.

듣는 힘은 말보다 강하다

초판인쇄	2025년 11월 17일
초판발행	2025년 11월 24일
지은이	김지현
발행인	조현수
펴낸곳	도서출판 더로드
기획	조용재
마케팅	최관호 최문섭
편집	이승득
디자인	오종국 (Design CREO)
주소	경기도 파주시 광인사길 68 , 201- 4호
전화	031-925-5364, 031-942-5366
팩스	031-942-5368
이메일	provence70@naver.com
등록번호	제2015-000135호
등록	2015년 06월 18일

정가 18,500원

ISBN 979-11-6338-498-4   03190

이 책은 '듣는 사람으로
살아온 시간'의 기록이자,
'듣는 리더로 성장하고 싶은 사람들'을 위한
안내서다. 말이 넘쳐나는 시대에
조용히 들어주는 사람으로 산다는 것의
의미를 함께 나누고 싶었다.